婚姻家庭

HUNYIN JIATING

普法知识题集

PUFA ZHISHI TIJI

中国法治出版社

CHINA LEGAL PUBLISHING HOUSE

编 辑 说 明

当前，我国已开启全面建设社会主义现代化国家新征程，进入新发展阶段。通过开展普法活动，使公民法治素养和社会治理法治化水平显著提升，形成全社会尊法学法守法用法的良好氛围。多层次多领域依法治理深入推进，全社会办事依法、遇事找法、解决问题用法、化解矛盾靠法的法治环境显著改善。

提升公民法治素养是全民普法的主要目标，也是全面依法治国的迫切要求，要突出重点对象，分层分类指导。实行公民终身法治教育制度，把法治教育纳入干部教育体系、国民教育体系、社会教育体系，不断提升全体公民法治意识和法治素养。坚持学用结合、普治并举。注重在立法、执法、司法和法律服务过程中开展实时普法，把普法深度融入立法、执法、司法和法律服务全过程，把普法融入法治实践、基层治理和日常生活。

为配合普法工作需要，我们组织编写了"普法知识题集系列丛书"。定位普法，覆盖公民、国家工作人员、领导干部、青少年、企业人员等，题型丰富、解析精准、难度适中，从试题角度为普法工作学习提供检验测试工具。丛书具有以下特点：

一、题型丰富。题型涵盖判断题、单选题、多选题、填空题、简答题，完备系统。

二、解析精准。习题均附有参考答案，解析有法律条文做依据，精准可靠。部分判断题、填空题的解析出于节省篇幅考虑，只列出答案和条文序号。

三、难度适中。习题设置避免难题、偏题、怪题，以突出应知应会和重点条文为出发点设置。

本丛书既适合机关、团体、学校、企业、事业单位等组织相关培训配套使用，也适合有学习需求的广大读者阅读。希望本丛书的出版能够有助于引导广大读者养成自觉守法的意识，形成遇事找法的习惯，培养解决问题靠法的意识和能力。为建设信仰法治、公平正义、保障权利、守法诚信、充满活力、和谐有序的社会主义法治社会贡献一份力量。

由于时间和水平有限，不足之处在所难免，敬请广大读者批评指正。

中国法治出版社

目录

一、民法典

（一）判断题

1. 民事主体从事民事活动，应当遵循诚信原则，秉持诚实，恪守承诺。（　　）

2. 自然人从出生时起到死亡时止，具有民事权利能力，依法享有民事权利，承担民事义务。（　　）

3. 不能完全辨认自己行为的成年人可以独立实施与其智力、精神健康状况相适应的民事法律行为。（　　）

4. 未成年子女对父母负有赡养、扶助和保护的义务。（　　）

5. 依法负担被监护人抚养费、赡养费、扶养费的父母、子女、配偶等，被人民法院撤销监护人资格后，应当继续履行负担的义务。（　　）

6. 失踪人的财产由其配偶、成年子女、父母或者其他愿意担任财产代管人的人代管。（　　）

7. 被宣告死亡的人在被宣告死亡期间，其子女被他人依法收养的，在死亡宣告被撤销后，可以以未经本人同意为由主张收养行为无效。（　　）

8. 农村承包经营户的债务，以从事农村土地承包经营的农户财产承担；事实上由农户部分成员经营的，以该部分成员的财产承担。（　　）

9. 自然人因婚姻家庭关系等产生的人身权利受法律保护。

(   )

10. 民事法律行为可以采用书面形式、口头形式或者其他形式。
(   )

11. 基于虚假的意思表示实施的民事法律行为，行为人有权请求人民法院或者仲裁机构予以撤销。(   )

12. 代理人不得以被代理人的名义与自己实施民事法律行为，但是被代理人同意或者追认的除外。(   )

13. 因当事人一方的违约行为，损害对方人身权益、财产权益的，受损害方有权选择请求其承担违约责任和侵权责任。(   )

14. 无民事行为能力人或者限制民事行为能力人对其法定代理人的请求权的诉讼时效期间，自该法定代理终止之日起计算。(   )

15. 业主转让建筑物内的住宅、经营性用房，其对共有部分享有的共有和共同管理的权利可以分别转让。(   )

16. 业主可以自行管理建筑物及其附属设施，也可以委托物业服务企业或者其他管理人管理。(   )

17. 处分共有的不动产，应当经占份额 3/4 以上的按份共有人或者全体共同共有人同意，但是共有人之间另有约定的除外。(   )

18. 因不动产或者动产被征收、征用致使用益物权消灭或者影响用益物权行使的，用益物权人有权依据《民法典》的相关规定获得相应补偿。(   )

19. 因自然灾害严重毁损承包地等特殊情形，需要适当调整承包的耕地和草地的，应当依照农村土地承包的法律规定办

理。（　　）

20. 已经登记的宅基地使用权转让或者消灭的，应当及时办理变更登记或者注销登记。（　　）

21. 债务人不履行到期债务，致使抵押财产被人民法院依法扣押的，自扣押之日起，抵押权人有权收取该抵押财产的天然孳息或者法定孳息，但是抵押权人未通知应当清偿法定孳息义务人的除外。（　　）

22. 自债务人的行为发生之日起 3 年内没有行使撤销权的，该撤销权消灭。（　　）

23. 债务人对同一债权人负担的数项债务种类相同，债务人的给付不足以清偿全部债务的，除当事人另有约定外，由债务人在清偿时指定其履行的债务。（　　）

24. 借款合同中，借款人对支付利息的期限没有约定或者约定不明确的，可以签订补充协议。（　　）

25. 管理人管理事务经受益人事后追认的，从管理事务开始时起，适用委托合同的有关规定，但是管理人另有意思表示的除外。（　　）

26. 民事主体享有生命权、身体权、健康权、姓名权、名称权、肖像权、名誉权、荣誉权、隐私权等权利和基于人身自由、人格尊严产生的其他人格权益。（　　）

27. 所有的民事主体都享有生命权，有权维护自己的生命安全和生命尊严。任何组织或者个人不得侵害。（　　）

28. 任何组织或者个人不得以干涉、盗用、假冒等方式侵害他人的姓名权或者名称权。（　　）

29. 报刊、网络等媒体报道的内容失实，侵害他人名誉权的，

受害人有权请求该媒体及时采取更正或者删除等必要措施。（　　）

30. 婚姻家庭受国家保护。实行婚姻自由、一夫一妻、男女平等的婚姻制度。（　　）

31. 家庭应当树立优良家风，弘扬家庭美德，重视家庭文明建设。（　　）

32. 收养应当遵循最有利于收养人的原则，保障被收养人和收养人的合法权益。禁止借收养名义买卖未成年人。（　　）

33. 直系血亲或者四代以内的旁系血亲禁止结婚。（　　）

34. 要求结婚的男女双方可以委托代理人到婚姻登记机关申请结婚登记。（　　）

35. 登记结婚后，按照男女双方约定，女方可以成为男方家庭的成员，男方可以成为女方家庭的成员。（　　）

36. 夫妻在婚姻家庭中地位平等。（　　）

37. 夫妻双方都有各自使用自己姓名的权利。（　　）

38. 夫妻之间对一方可以实施的民事法律行为范围的限制，可以对抗善意相对人。（　　）

39. 不直接抚养非婚生子女的生父或者生母，应当负担未成年子女或者不能独立生活的成年子女的抚养费。（　　）

40. 对亲子关系有异议的，父或者母可以向人民法院提起诉讼，请求确认或者否认亲子关系。对亲子关系有异议的，成年子女可以向人民法院提起诉讼，请求确认亲子关系。（　　）

41. 夫妻双方自愿离婚的，应当订立书面或者口头离婚协议，并亲自到婚姻登记机关申请离婚登记。（　　）

42. 婚姻登记机关查明双方确实是自愿离婚，并已经对子女抚养、财产以及债务处理等事项协商一致的，予以登记，发给离婚证。（　　）

43. 经人民法院判决不准离婚后，双方又分居满1年，一方再次提起离婚诉讼的，应当准予离婚。（　　）

44. 现役军人的配偶要求离婚，应当征得军人同意，但是军人一方有过错的除外。（　　）

45. 离婚后，子女由一方直接抚养的，另一方应当负担全部抚养费。负担费用的多少和期限的长短，由双方协议；协议不成的，由人民法院判决。前述规定的协议或者判决，不妨碍子女在必要时向父母任何一方提出超过协议或者判决原定数额的要求。（　　）

46. 未成年人的父母均不具备完全民事行为能力且可能危害该未成年人的，该未成年人的监护人应当将其送养。（　　）

47. 外国人在中华人民共和国收养子女，应当经其所在国主管机关依照该国法律审查同意。收养人应当提供由其所在国有权机构出具的有关其年龄、婚姻、职业、财产、健康、有无受过刑事处罚等状况的证明材料，并与送养人签订书面协议，亲自向市级人民政府民政部门登记。（　　）

48. 养子女可以随养父或者养母的姓氏，经当事人协商一致，也可以保留原姓氏。（　　）

49. 收养人在被收养人成年以前，可以解除收养关系，但是收养人、送养人双方协议解除的除外。养子女8周岁以上的，应当征得本人同意。（　　）

50. 遗产是自然人死亡时遗留的所有财产。（　　）

51. 被继承人的子女先于被继承人死亡的，由被继承人的子女的直系血亲代位继承。（　　）

52. 遗产分割的时间、办法和份额，由继承人协商确定；协商不成的，可以申请仲裁委员会仲裁。（　　）

53. 打印遗嘱的，遗嘱人和见证人需在遗嘱首页和最后一页签名并注明年、月、日。（　　）

54. 立有数份遗嘱，内容相抵触的，抵触的部分均不发生法律效力。（　　）

55. 遗产管理人因故意或者重大过失造成继承人损害的，应当承担民事责任。（　　）

56. 无人继承又无人受遗赠的遗产，一律上缴国库，归国家所有。（　　）

57. 自愿参加具有一定风险的文体活动因其他参加者的行为受到损害的，受害人无权请求其他参加者承担侵权责任。（　　）

58. 侵害他人人身权益造成财产损失的，只能按照被侵权人因此受到的损失赔偿。（　　）

59. 限制民事行为能力人造成他人损害，监护人尽到监护责任的，可以免除其侵权责任。（　　）

60. 因产品存在缺陷造成他人损害的，生产者应当承担侵权责任。（　　）

（二）单项选择题

1. 民法调整平等主体的（　　）的人身关系和财产关系。

   A. 自然人、法人和非法人组织之间

B. 法人和非法人组织之间

C. 自然人和法人之间

D. 自然人和非法人组织之间

2. 自然人的（　　）一律平等。

A. 民事能力　　　　　　B. 民事权利能力

C. 民事义务　　　　　　D. 民事行为能力

3. 不满（　　）周岁的自然人为未成年人。

A. 17　　　　　　　　　B. 18

C. 19　　　　　　　　　D. 20

4. 被监护人的（　　）担任监护人的，可以通过遗嘱指定监护人。

A. 祖父母　　　　　　　B. 父母

C. 子女　　　　　　　　D. 兄、姐

5. 具有完全民事行为能力的成年人，可以与其近亲属、其他愿意担任监护人的个人或者组织事先协商，以（　　）形式确定自己的监护人。

A. 书面　　　　　　　　B. 口头

C. 书面或者口头　　　　D. 公证

6. 自然人下落不明满（　　）年的，利害关系人可以向人民法院申请宣告该自然人为失踪人。

A. 1　　　　　　　　　　B. 2

C. 3　　　　　　　　　　D. 4

7. 自然人被宣告死亡但是并未死亡的，其在被宣告死亡期间实施的民事法律行为（　　）。

A. 有效　　　　　　　　B. 待定

C. 可追认   D. 无效

8. 农村集体经济组织的成员，依法取得（   ），从事家庭承包经营的，为农村承包经营户。

    A. 农村土地承包经营权   B. 农村土地经营权

    C. 农村土地使用权   D. 农村土地承包权

9. 为了（   ）的需要，依照法律规定的权限和程序征收、征用不动产或者动产的，应当给予公平、合理的补偿。

    A. 社会利益   B. 集体利益

    C. 公共利益   D. 国家利益

10. 下列关于民事法律行为的说法错误的是：（   ）

    A. 民事法律行为是民事主体通过意思表示设立、变更、终止民事法律关系的行为

    B. 民事法律行为可以基于双方或者多方的意思表示一致成立

    C. 民事法律行为不可以基于单方的意思表示成立

    D. 法人依照章程规定的议事方式和表决程序作出决议的，该决议行为成立

11. 当事人自民事法律行为发生之日起（   ）没有行使撤销权的，撤销权消灭。

    A. 5 年内   B. 1 年内

    C. 6 个月内   D. 3 年内

12. 下列关于附条件的民事法律行为的说法错误的是：（   ）

    A. 民事法律行为可以附条件

    B. 附生效条件的民事法律行为，自条件成就时生效

    C. 所有的民事法律行为都可以附条件

D. 附解除条件的民事法律行为，自条件成就时失效

13. 不可抗力是（　　）的客观情况。

A. 不能预见且不能克服

B. 不能避免且不能克服

C. 不能预见且不能避免

D. 不能预见、不能避免且不能克服

14. 自权利受到损害之日起超过（　　）的，人民法院不予保护，有特殊情况的，人民法院可以根据权利人的申请决定延长。

A. 5 年　　　　　　　　　B. 10 年

C. 20 年　　　　　　　　 D. 30 年

15. 不动产物权的设立，依照法律规定应当登记的，自（　　）时发生效力。

A. 不动产物权交付

B. 取得不动产权属证书

C. 记载于不动产登记簿

D. 不动产物权合同签订

16. 关于建筑物区分所有权，以下说法错误的是：（　　）

A. 业主对建筑物内的住宅专有部分享有所有权

B. 业主对建筑物内的经营性用房专有部分享有所有权

C. 业主对建筑物内的住宅共有部分享有所有权

D. 业主对专有部分以外的共有部分享有共有和共同管理的权利

17. 关于按份共有的优先购买权，以下说法错误的是：（　　）

A. 按份共有人转让其享有的共有的不动产的，应当将转让

条件及时通知其他共有人

    B. 其他共有人应当在合理期限内行使优先购买权

    C. 两个以上其他共有人主张行使优先购买权的，协商确定各自的购买比例

    D. 协商不成的，由转让时共有份额多的共有人行使优先购买权

18. 关于承包期，以下说法错误的是：（   ）

    A. 耕地的承包期为50年

    B. 草地的承包期为30年至50年

    C. 林地的承包期为30年至70年

    D. 承包期限届满，由土地承包经营权人依照农村土地承包的法律规定继续承包

19. 关于住宅建设用地使用权期限，以下说法错误的是：（   ）

    A. 住宅建设用地使用权期限届满的，依照法律、行政法规和规章的规定续期

    B. 续期费用的缴纳或者减免，依照法律、行政法规的规定办理

    C. 非住宅建设用地使用权期限届满后的续期，依照法律规定办理

    D. 该土地上的房屋及其他不动产的归属，有约定的，按照约定

20. 关于宅基地使用权，以下说法错误的是：（   ）

    A. 宅基地使用权人依法对集体所有的土地享有占有和使用的权利，有权依法利用该土地建造住宅及其附属设施

B. 宅基地使用权的取得、行使和转让，适用土地管理的法律和国家有关规定

C. 宅基地因自然灾害等原因灭失的，宅基地使用权消灭。对失去宅基地的村民，应当重新出让宅基地

D. 已经登记的宅基地使用权转让或者消灭的，应当及时办理变更登记或者注销登记

21. 关于居住权的设立，以下说法错误的是：（　　　）

A. 设立居住权，当事人应当采用书面形式订立居住权合同

B. 居住权无偿设立，但是当事人另有约定的除外

C. 设立居住权的，应当向登记机构申请居住权登记

D. 居住权自合同订立时设立

22. 下列关于要约撤销的说法，正确的是：（　　　）

A. 撤销要约的通知应当与要约同时到达受要约人

B. 要约人确定承诺期限的，该要约不得撤销

C. 受要约人有理由认为要约是不可撤销，该要约即不得撤销

D. 要约人明示要约不可撤销，但受要约人尚未开始为履行合同作准备的，该要约可以撤销

23. 在下列情形中，格式条款并非当然无效的是：（　　　）

A. 提供格式条款方免除其责任

B. 提供格式条款方加重对方责任

C. 提供格式条款方排除对方主要权利

D. 对格式条款的理解发生争议

24. 以下不属于合同中免责条款无效的有：（　　　）

A. 造成对方人身伤害的

B. 因故意造成对方财产损失的

C. 因过失造成对方财产损失的

D. 因重大过失造成对方财产损失的

25. 以下关于预期违约责任的表述，正确的是：（　　　）

A. 当事人一方明确表示不履行合同义务的，对方可以在履行期限届满前要求其承担违约责任

B. 当事人一方以自己的行为表明不履行合同义务的，对方可以在履行期限届满之时请求其承担违约责任

C. 当事人一方明确表示不履行合同义务的，对方可以在履行期限届满之时请求其承担违约责任

D. 当事人一方以自己的行为表明不履行合同义务的，对方可以在履行期限届满之后请求其承担违约责任

26. 关于债权人拒绝受领，以下表述正确的是：（　　　）

A. 债务人按照约定履行债务，债权人拒绝受领的，债务人可以请求债权人赔偿增加的费用

B. 在债权人受领迟延期间，债务人应当支付利息

C. 债务人按照约定履行债务，债权人无正当理由拒绝受领的，债务人可以请求债权人赔偿费用

D. 在债权人受领迟延期间，债务人无须支付利息

27. 借款合同中，利息预先在本金中扣除的，应当按照（　　　）返还借款并计算利息。

A. 借款本金　　　　　　　　B. 合同约定数额

C. 实际借款数额　　　　　　D. 借款本息

28. 无因管理中，关于管理人的义务，下列哪项说法是错误的？（　　　）

A. 管理人管理他人事务，应当采取有利于受益人的方法

B. 管理人管理他人事务，能够通知受益人的，应当及时通知受益人

C. 管理结束后，管理人应当向受益人报告管理事务的情况

D. 管理人管理事务后，不得中断管理

29. 因当事人一方的违约行为，损害对方人格权并造成严重精神损害，以下表述正确的是：（　　）

A. 受损害方只能选择请求精神损害赔偿

B. 受损害方只能选择请求精神损害赔偿请求其承担违约责任

C. 承担违约责任不足以弥补受损害方的，可以选择请求精神损害赔偿

D. 受损害方选择请求其承担违约责任的，不影响受损害方请求精神损害赔偿

30. 以下关于人体捐献的表述，错误的是：（　　）

A. 任何组织或者个人不得强迫、欺骗、利诱完全民事行为能力人对人体细胞、人体组织、人体器官、遗体捐献

B. 完全民事行为能力人有权依法自主决定有偿捐献其人体细胞、人体组织、人体器官、遗体

C. 自然人生前未表示不同意捐献的，该自然人死亡后，其配偶、成年子女、父母可以共同决定捐献

D. 完全民事行为能力人依法同意捐献的，可以采取订立遗嘱的形式

31. 结婚年龄，男不得早于（　　）周岁，女不得早于（　　）周岁。

A. 22；22   B. 20；22

C. 22；20   D. 20；20

32. 因胁迫结婚的，受胁迫的一方可以向人民法院请求撤销婚姻。被非法限制人身自由的当事人请求撤销婚姻的，应当自恢复人身自由之日起（   ）内提出。

A. 3 个月   B. 6 个月

C. 1 年   D. 2 年

33. 下列财产中哪个不属于夫妻一方的个人财产？（   ）

A. 一方的婚前财产

B. 一方因受到人身损害获得的赔偿或者补偿

C. 一方专用的生活用品

D. 继承或者受赠的财产

34. 夫妻一方在婚姻关系存续期间以个人名义超出家庭日常生活需要所负的债务，不属于夫妻共同债务；但是，债权人能够证明该债务用于（   ）夫妻共同生活、共同生产经营或者基于夫妻双方共同意思表示的除外。

A. 夫妻共同生活或者基于夫妻双方共同意思表示

B. 共同生产经营或者基于夫妻双方共同意思表示

C. 夫妻共同生活或者共同生产经营

D. 夫妻共同生活、共同生产经营或者基于夫妻双方共同意思表示

35. 父母不履行抚养义务的，未成年子女或者（   ）的成年子女，有要求父母给付抚养费的权利。

A. 没有工作   B. 不能独立生活

C. 没有结婚   D. 没有收入

36. 成年子女不履行赡养义务的，（ 　　 ）的父母，有要求成年子女给付赡养费的权利。

    A. 缺乏劳动能力

    B. 缺乏劳动能力或者生活困难

    C. 缺乏劳动能力且生活困难

    D. 生活困难

37. 自婚姻登记机关收到离婚登记申请之日起（ 　　 ）日内，任何一方不愿意离婚的，可以向婚姻登记机关撤回离婚登记申请。

    A. 15　　　　　　　　　　B. 30

    C. 60　　　　　　　　　　D. 90

38. 女方在怀孕期间、分娩后 1 年内或者终止妊娠后（ 　　 ）内，男方不得提出离婚；但是，女方提出离婚或者人民法院认为确有必要受理男方离婚请求的除外。

    A. 3 个月　　　　　　　　B. 6 个月

    C. 1 年　　　　　　　　　D. 2 年

39. 已满（ 　　 ）周岁的子女，父母双方对抚养问题协议不成的，由人民法院根据双方的具体情况，按照最有利于未成年子女的原则判决。

    A. 1　　　　　　　　　　B. 2

    C. 3　　　　　　　　　　D. 4

40. 下列关于探望子女权利的说法错误的有：（ 　　 ）

    A. 离婚后，不直接抚养子女的父或者母，有探望子女的权利，另一方有协助的义务

    B. 行使探望权利的方式、时间由当事人协议；协议不成

的，由人民法院判决

C. 父或者母探望子女，不利于子女身心健康的，由公安机
关依法中止探望

D. 中止父或者母探望子女的事由消失后，应当恢复探望

41. 无子女的收养人可以收养（　　）名子女；有子女的收养
人只能收养（　　）名子女。

    A. 2；1　　　　　　　　　　B. 2；2

    C. 3；2　　　　　　　　　　D. 3；1

42. 无配偶者收养异性子女的，收养人与被收养人的年龄应当
相差（　　）周岁以上。

    A. 30　　　　　　　　　　　B. 35

    C. 40　　　　　　　　　　　D. 45

43. 收养人收养与送养人送养，应当双方自愿。收养（　　）
周岁以上未成年人的，应当征得被收养人的同意。

    A. 6　　　　　　　　　　　　B. 7

    C. 8　　　　　　　　　　　　D. 10

44. 以下关于遗产的表述，正确的是：（　　）

    A. 遗产是自然人遗留的财产

    B. 只有个人合法财产才能作为遗产

    C. 法律、行政法规规定不得继承的遗产，不得继承

    D. 根据性质不得继承的遗产，不得继承

45. 关于遗嘱的撤回、变更及其效力，以下表述正确的是：
（　　）

    A. 遗嘱人可以撤回遗嘱

    B. 遗嘱人可以立数份遗嘱

C. 遗嘱人不得实施与遗嘱内容相反的民事法律行为

D. 遗嘱人可以变更遗嘱

46. 关于遗赠扶养协议，以下表述错误的是：（　　）

A. 遗赠扶养协议的扶养人应该在法定继承人顺序范围内选取

B. 遗赠扶养协议的扶养人承担生养死葬的义务

C. 遗赠扶养协议的扶养人享有接受遗赠的权利

D. 同时存在有效的遗嘱、遗赠扶养协议的，优先按照遗赠扶养协议办理

47. 机动车发生交通事故造成损害，属于机动车一方责任的，关于赔偿责任的承担，下列哪一说法是错误的？（　　）

A. 机动车所有人、管理人与使用人不是同一人的，由机动车使用人承担赔偿责任

B. 机动车所有人、管理人对损害的发生有过错的，承担相应的赔偿责任

C. 机动车所有人、管理人与使用人不是同一人的，由机动车使用人和机动车所有人、管理人承担连带赔偿责任

D. 机动车已经转让并交付，但未办理登记的，由受让人承担赔偿责任

48. 因第三人的过错致使动物造成他人损害的，关于侵权责任的承担，下列哪一说法是错误的？（　　）

A. 被侵权人可以向动物饲养人请求赔偿

B. 被侵权人可以向第三人请求赔偿

C. 被侵权人可以向管理人请求赔偿

D. 动物饲养人或者管理人赔偿后，无权向第三人追偿

（三）多项选择题

1. 我国民法的基本原则有：（　　　）

   A. 平等、自愿、公平原则

   B. 诚信原则

   C. 守法与公序良俗原则

   D. 绿色原则

2. 下列可以证明自然人出生时间的有：（　　　）

   A. 出生证明记载的时间

   B. 户籍登记的时间

   C. 身份证登记的时间

   D. 军人身份证件登记的时间

3. 8周岁以上的未成年人可以独立实施的民事法律行为有：（　　　）

   A. 纯获利益的民事法律行为

   B. 与其年龄、智力相适应的民事法律行为

   C. 与其生长环境相适应的民事法律行为

   D. 与其精神健康状况相适应的民事法律行为

4. 以下关于自然人住所地的表述，正确的是：（　　　）

   A. 自然人可以户籍登记的居所为住所

   B. 自然人可以其不动产权证书登记载明的居所为住所

   C. 自然人可以其他有效身份登记记载的居所为住所

   D. 经常居所与住所不一致的，经常居所视为住所

5. 指定监护人前，被监护人的人身权利、财产权利以及其他合法权益处于无人保护状态的，由被监护人住所地的（　　　）

担任临时监护人。

    A. 居民委员会   B. 村民委员会

    C. 民政部门   D. 法律规定的有关组织

6. 自然人在战争期间下落不明的，下落不明的时间自（   ）之日起计算。

    A. 利害关系人确定的下落不明

    B. 失去音讯

    C. 战争结束

    D. 有关机关确定的下落不明

7. 被宣告死亡的人重新出现，经（   ）申请，人民法院应当撤销死亡宣告。

    A. 民政部门   B. 基层人民政府

    C. 本人   D. 利害关系人

8. 下列关于个体工商户的说法正确的是：（   ）

    A. 自然人从事工商业经营，经依法登记，为个体工商户

    B. 个体工商户应当起字号

    C. 个体工商户的债务，以家庭财产承担

    D. 个体工商户的债务，个人经营的，以个人财产承担

9. 任何组织或者个人需要获取他人个人信息的，应当依法取得并确保信息安全，不得非法（   ）他人个人信息，不得非法买卖、提供或者公开他人个人信息。

    A. 收集   B. 使用

    C. 加工   D. 传输

10. 下列关于意思表示的生效时间的说法正确的是：（   ）

    A. 以对话方式作出的意思表示，相对人知道其内容时生效

B. 以非对话方式作出的意思表示，到达相对人时生效

C. 无相对人的意思表示，表示完成时生效

D. 以公告方式作出的意思表示，公告发布时生效

11. 限制民事行为能力人实施的（　　）民事法律行为有效。

　　A. 纯获利益的

　　B. 与其年龄、智力、精神健康状况相适应的

　　C. 经法定代理人追认的

　　D. 经法定代理人同意的

12. 以下哪些民事法律行为可以请求人民法院或者仲裁机构予以撤销？（　　）

　　A. 一方利用对方处于危困状态、缺乏判断能力等情形，致使民事法律行为成立时显失公平的

　　B. 第三人实施欺诈行为，使一方在违背真实意思的情况下实施的民事法律行为，对方知道或者应当知道该欺诈行为的

　　C. 一方或者第三人以胁迫手段，使对方在违背真实意思的情况下实施的民事法律行为

　　D. 一方以欺诈手段，使对方在违背真实意思的情况下实施的民事法律行为

13. 下列关于责任承担的说法正确的是：（　　）

　　A. 二人以上依法承担按份责任，能够确定责任大小的，各自承担相应的责任

　　B. 二人以上依法承担按份责任，难以确定责任大小的，平均承担责任

　　C. 二人以上依法承担连带责任的，权利人有权请求部分连

　　带责任人承担责任

　　D. 二人以上依法承担连带责任的，连带责任人的责任份额
　　　　根据各自责任大小确定

14. 下列不适用诉讼时效的是：（　　　）

　　A. 请求停止侵害　　　　　　B. 请求排除妨碍

　　C. 请求消除危险　　　　　　D. 请求支付抚养费

15. 关于预告登记，以下说法正确的是：（　　　）

　　A. 当事人签订买卖房屋的协议或者签订其他不动产物权的
　　　　协议，为保障将来实现物权，按照约定可以向登记机构
　　　　申请预告登记

　　B. 预告登记后，未经预告登记的权利人同意，处分该不动
　　　　产的，不发生物权效力

　　C. 预告登记后，债权消灭的，预告登记失效

　　D. 预告登记后，自能够进行不动产登记之日起 180 日内未
　　　　申请登记的，预告登记失效

16. 关于业主大会、业主委员会的决定，以下说法正确的是：
　　（　　　）

　　A. 业主大会的决定，对业主具有法律约束力

　　B. 业主大会或者业主委员会作出的决定侵害业主合法权益
　　　　的，受侵害的业主可以请求人民法院予以撤销

　　C. 业主委员会的决定，对业主具有法律约束力

　　D. 业主大会或者业主委员会作出的决定侵害业主合法权益
　　　　的，任何业主均可以请求人民法院予以撤销

17. 关于共有人对共有物的管理费用以及其他负担的分担，以
　　下说法正确的是：（　　　）

A. 有约定的，按照其约定

B. 没有约定的，按份共有人按照其份额负担

C. 没有约定的，共同共有人共同负担

D. 约定不明确的，按份共有人平均负担

18. 关于土地承包经营权互换和转让，以下说法正确的是：
（　　　）

A. 土地承包经营权人依照法律规定，有权将土地承包经营权互换、转让

B. 未经依法批准，不得将承包地用于非农建设

C. 土地承包经营权互换、转让的，当事人可以向登记机构申请登记

D. 未经登记，不得对抗善意第三人

19. 关于抵押权的顺位，以下说法正确的是：（　　　）

A. 抵押权人不得放弃抵押权或者抵押权的顺位

B. 抵押权人与抵押人可以协议变更抵押权顺位，但是，抵押权的变更未经其他抵押权人书面同意，不得对其他抵押权人产生不利影响

C. 抵押权人与抵押人可以协议变更被担保的债权数额。但是，抵押权的变更未经其他抵押权人书面同意的，不得对其他抵押权人产生不利影响

D. 债务人以自己的财产设定抵押，抵押权人放弃该抵押权、抵押权顺位或者变更抵押权的，其他担保人在抵押权人丧失优先受偿权益的范围内免除担保责任，但是其他担保人承诺仍然提供担保的除外

20. 关于承诺，下列说法正确的是：（　　　）

A. 承诺可以超越要约确定的期限内到达要约人

B. 承诺应当在要约确定的期限内到达要约人

C. 要约以对话方式作出的，应当即时作出承诺

D. 要约以非对话方式作出的，承诺应当在合理期限内到达

21. 当事人在订立合同过程中（　　），造成对方损失的，应当承担赔偿责任。

A. 假借订立合同，恶意进行磋商

B. 故意隐瞒与订立合同有关的重要事实或者提供虚假情况

C. 过失隐瞒与订立合同有关的重要事实或者提供虚假情况

D. 隐瞒非重要事实

22. 债权人分立、合并或者变更住所没有通知债务人，致使履行债务发生困难的，债务人可以（　　）。

A. 中止履行　　　　　　　　B. 终止履行

C. 将标的物留置　　　　　　D. 将标的物提存

23. 关于买卖合同标的物的交付地点，表述正确的是：（　　）

A. 由当事人约定交付地点

B. 当事人没有约定或者约定不明的，适用民法典关于合同条款补充的规定加以确定

C. 当事人没有约定或者约定不明的，适用民法典关于合同条款补充的规定仍不能确定，对于标的物需要运输的，出卖人应当将标的物交付给第一承运人以运交给买受人

D. 当事人没有约定或者约定不明的，适用民法典关于合同条款补充的规定仍不能确定，对于标的物不需要运输，出卖人和买受人订立合同时不知道标的物在某一地点的，应当在买受人订立合同时的营业地交付标的物

24. 关于凭样品买卖合同，下列说法错误的是：（　　）

A. 当事人可以不封存样品

B. 当事人应当对样品质量予以说明

C. 出卖人交付的标的物应当与样品或其说明的质量相同

D. 出卖人交付的标的物可以与样品及其说明的质量不相同

25. 关于自然人之间的借款合同，下列说法中正确的是：
（　　）

A. 自然人之间的借款合同约定支付利息的，借款的利率不得违反国家有关规定

B. 自然人之间的借款合同对利息约定不明确的，视为没有利息

C. 自然人之间的借款合同，自贷款人提供借款时成立

D. 自然人之间的借款合同，自当事人签订书面合同时成立

26. 关于不当得利的返还，下列哪些说法是正确的？（　　）

A. 得利人不知道且不应当知道取得的利益没有法律根据，取得的利益已经不存在的，不承担返还该利益的义务

B. 得利人知道或者应当知道取得的利益没有法律根据的，受损失的人可以请求得利人返还其取得的利益并依法赔偿损失

C. 得利人已经将取得的利益无偿转让给第三人的，受损失的人可以请求第三人在相应范围内承担返还义务

D. 得利人知道或者应当知道取得的利益没有法律根据的，受损失的人可以请求得利人返还其获得的利益，但不得要求赔偿损失

27. 为公共利益实施新闻报道、舆论监督等行为的，可以合理

使用民事主体人格权中的哪些内容？（　　　）

A. 姓名

B. 名称

C. 肖像

D. 荣誉

28. 侵害人身自由和人格尊严的行为表现有：（　　　）

A. 以非法拘禁等方式剥夺他人的行动自由

B. 以非法拘禁等方式限制他人的行动自由

C. 非法搜查他人身体

D. 非法侵扰他人私密空间

29. 自然人可以在父姓和母姓之外选取姓氏的情形有：（　　　）

A. 选取其他直系长辈血亲的姓氏

B. 因由法定扶养人以外的人扶养而选取扶养人姓氏

C. 有不违背公序良俗的其他正当理由

D. 少数民族的文化传统和风俗习惯

30. 关于肖像许可使用合同期限，以下表述正确的是：（　　　）

A. 当事人对肖像许可使用期限没有约定或者约定不明确的，任何一方当事人可以随时解除肖像许可使用合同，但是应当在合理期限之前通知对方

B. 当事人对肖像许可使用期限有明确约定，任何一方当事人可以随时解除肖像许可使用合同，但是应当在合理期限之前通知对方

C. 当事人对肖像许可使用期限有明确约定，肖像权人有正当理由的，可以解除肖像许可使用合同，但是应当在合理期限之前通知对方

D. 当事人对肖像许可使用期限有明确约定，肖像权人有正当理由行使解除权，因解除合同造成对方损失的，除不

可归责于肖像权人的事由外，应当赔偿损失

31. 婚姻家庭受国家保护。实行婚姻自由、一夫一妻、男女平等的婚姻制度。保护（　　）、未成年人、老年人、残疾人的合法权益。

 A. 妇女   B. 未成年人

 C. 老年人   D. 残疾人

32. 下列关于禁止的婚姻家庭行为的说法正确的有：（　　）

 A. 禁止包办、买卖婚姻和其他干涉婚姻自由的行为

 B. 禁止借婚姻索取财物

 C. 禁止重婚

 D. 禁止家庭暴力

33. 下列哪些人属于《民法典》规定的近亲属？（　　）

 A. 侄子   B. 弟弟

 C. 爷爷   D. 爸爸

34. 下列关于登记结婚的说法正确的有：（　　）

 A. 要求结婚的男女双方应当亲自到婚姻登记机关申请结婚登记

 B. 符合《民法典》规定的，予以登记，发给结婚证

 C. 完成结婚登记，即确立婚姻关系

 D. 未办理结婚登记的，应当补办登记

35. 婚姻无效的情形有：（　　）

 A. 重婚

 B. 有禁止结婚的亲属关系

 C. 未到法定婚龄

 D. 因胁迫结婚

36. 下列关于可撤销婚姻的说法正确的有：（　　）

A. 因胁迫结婚的，受胁迫的一方可以向人民法院请求撤销婚姻

B. 因胁迫结婚的，受胁迫的一方请求撤销婚姻的，应当自胁迫行为终止之日起1年内提出

C. 一方患有重大疾病的，应当在结婚登记前如实告知另一方；不如实告知的，另一方可以向人民法院请求撤销婚姻

D. 一方不如实告知患有重大疾病的，另一方请求撤销婚姻的，应当自知道或者应当知道撤销事由之日起1年内提出

37. 下列关于婚姻无效或被撤销的法律后果的说法正确的有：（　　）

A. 无效的或者被撤销的婚姻自始没有法律约束力，当事人不具有夫妻的权利和义务

B. 同居期间所得的财产，由当事人协议处理；协议不成的，由人民法院根据照顾无过错方的原则判决

C. 对重婚导致的无效婚姻的财产处理，不得侵害合法婚姻当事人的财产权益

D. 婚姻无效或者被撤销的，无过错方有权请求损害赔偿

38. 下列关于夫妻关系的说法正确的有：（　　）

A. 夫妻有相互扶养的义务

B. 需要扶养的一方，在另一方不履行扶养义务时，有要求其给付扶养费的权利

C. 夫妻对共同财产，有平等的处理权

D. 夫妻有相互继承遗产的权利

39. 夫妻在婚姻关系存续期间所得的哪些财产属于夫妻共同财产？（　　）

A. 工资、奖金、劳务报酬

B. 生产、经营、投资的收益

C. 遗嘱或者赠与合同中确定只归一方的财产

D. 知识产权的收益

40. 婚姻关系存续期间，夫妻一方可以向人民法院请求分割共同财产的情形有：（　　）

A. 一方有隐藏、转移、变卖、毁损、挥霍夫妻共同财产或者伪造夫妻共同债务等严重损害夫妻共同财产利益的行为

B. 一方有隐藏、转移、变卖、毁损、挥霍夫妻共同财产或者伪造夫妻共同债务等损害夫妻共同财产利益的行为

C. 一方负有法定扶养义务的人患重大疾病需要医治，另一方不同意支付相关医疗费用

D. 一方负有法定扶养义务的人患疾病需要医治，另一方不同意支付相关医疗费用

41. 下列关于父母子女关系的说法正确的有：（　　）

A. 子女应当尊重父母的婚姻权利

B. 子女不得干涉父母离婚、再婚以及婚后的生活

C. 子女对父母的赡养义务，不因父母的婚姻关系变化而终止

D. 父母和子女有相互继承遗产的权利

42. 非婚生子女享有与婚生子女同等的权利，任何组织或者个

人不得加以（　　）。

A. 侵害 　　　　　　　　 B. 危害

C. 仇视 　　　　　　　　 D. 歧视

43. 下列关于祖孙之间、兄弟姐妹之间的关系说法正确的有：
（　　）

A. 有负担能力的祖父母、外祖父母，对于父母已经死亡或者父母无力抚养的未成年孙子女、外孙子女，有抚养的义务

B. 有负担能力的孙子女、外孙子女，对于子女已经死亡或者子女无力赡养的祖父母、外祖父母，有赡养的义务

C. 有负担能力的兄、姐，对于父母已经死亡或者父母无力抚养的未成年弟、妹，有扶养的义务

D. 由兄、姐扶养长大的有负担能力的弟、妹，对于缺乏劳动能力又缺乏生活来源的兄、姐，有扶养的义务

44. 调解无效的，应当准予离婚情形有：（　　）

A. 重婚或者与他人同居

B. 实施家庭暴力或者虐待、遗弃家庭成员

C. 有赌博、吸毒等恶习屡教不改

D. 因感情不和分居满 2 年

45. 下列属于婚姻关系的解除时间的有：（　　）

A. 一审离婚判决书生效时

B. 完成离婚登记

C. 二审离婚判决书生效时

D. 离婚调解书生效时

46. 下列关于离婚后子女的抚养的说法正确的有：（　　　）

A. 父母与子女间的关系，不因父母离婚而消除

B. 离婚后，子女无论由父或者母直接抚养，仍是父母双方的子女

C. 离婚后，父母对于子女仍有抚养、教育、保护的权利和义务

D. 离婚后，不满2周岁的子女，以由母亲直接抚养为原则

47. 下列关于离婚的说法正确的有：（　　　）

A. 人民法院审理离婚案件，应当进行调解；如果感情确已破裂，调解无效的，应当准予离婚

B. 离婚时，如果一方生活困难，有负担能力的另一方应当给予适当帮助。具体办法由双方协议；协议不成的，由人民法院决定

C. 离婚时，对夫或者妻在家庭土地承包经营中享有的权益等，应当依法予以保护

D. 离婚时，夫妻共同债务应当共同偿还。共同财产不足清偿或者财产归各自所有的，由双方协议清偿；协议不成的，由人民法院判决

48. 哪些情形导致离婚的，无过错方有权请求损害赔偿？（　　　）

A. 重婚　　　　　　　　　B. 与他人同居

C. 实施家庭暴力　　　　　D. 虐待、遗弃家庭成员

49. 下列个人、组织可以作送养人的有：（　　　）

A. 孤儿的监护人

B. 市级以上人民政府

C. 儿童福利机构

D. 有特殊困难无力抚养子女的生父母

50. 下列关于收养的说法正确的有：（　　　）

   A. 监护人送养孤儿的，应当征得有抚养义务的人同意

   B. 华侨收养三代以内旁系同辈血亲的子女，还可以不受"无子女或者只有1名子女"的限制

   C. 生父母送养子女，应当双方共同送养

   D. 生父母一方不明或者查找不到的，可以单方送养

51. 下列关于收养的说法正确的有：（　　　）

   A. 收养应当向县级以上人民政府民政部门登记。收养关系自登记之日起成立

   B. 收养查找不到生父母的未成年人的，办理登记的民政部门应当在登记前予以公告

   C. 收养关系当事人各方或者一方要求办理收养公证的，应当办理收养公证

   D. 市级以上人民政府民政部门应当依法进行收养评估

52. 下列关于解除收养关系的说法错误的有：（　　　）

   A. 养父母与成年养子女关系恶化、无法共同生活的，应当协议解除收养关系

   B. 当事人协议解除收养关系的，应当到民政部门办理解除收养关系登记

   C. 收养关系解除后，养子女与养父母以及其他近亲属间的权利义务关系即行消除

   D. 收养关系解除后，经养父母抚养的成年养子女，对缺乏劳动能力的养父母，应当给付生活费

53. 关于继承权和受遗赠权的丧失，以下表述正确的是：

（　　　）

A. 继承人故意杀害被继承人的，丧失继承权

B. 受遗赠人销毁遗嘱的，丧失受遗赠权

C. 继承人虐待被继承人情节严重，确有悔改表现，被继承人事后在遗嘱中将其列为继承人的，继承人不丧失继承权

D. 受遗赠人伪造遗嘱情节严重，确有悔改表现，立遗嘱人表示宽恕的，受遗赠人不丧失受遗赠权

54. 关于公证遗嘱，以下表述正确的是：（　　　）

A. 应当由遗嘱人亲自办理

B. 应当经公证机构办理

C. 遗嘱人不得撤回公证遗嘱

D. 立有数份遗嘱，内容相抵触的，以公证遗嘱为准

55. 关于遗嘱无效，以下表述正确的是：（　　　）

A. 限制民事行为能力人所立的遗嘱无效

B. 受欺诈所立的遗嘱无效

C. 伪造的遗嘱无效

D. 被篡改的遗嘱无效

56. 以下可以成为遗产管理人的有：（　　　）

A. 遗嘱执行人

B. 生前住所地的民政部门

C. 继承人共同承担

D. 继承人推选的人

57. 关于再婚对所继承财产的处分，以下表述正确的是：
（　　　）

A. 夫妻一方死亡后另一方再婚的，有权处分所继承的财产

B. 夫妻一方死亡后另一方再婚的，应当返还所继承的财产，返还的财产按法定继承办理

C. 夫妻一方死亡后另一方再婚的，对其所继承财产的处分，任何组织不得干涉

D. 夫妻一方死亡后另一方再婚的，对其所继承财产的处分，任何个人不得干涉

58. 下列哪些情形下，被侵权人有权请求精神损害赔偿？（　　）

A. 侵害自然人人身权益造成精神损害

B. 侵害自然人人身权益造成严重精神损害

C. 侵害自然人具有人身意义的特定物造成严重损害

D. 因故意或者重大过失侵害自然人具有人身意义的特定物造成严重精神损害

59. 关于无民事行为能力人在教育机构受到人身损害的侵权责任，下列哪些说法是错误的？（　　）

A. 无民事行为能力人在教育机构学习、生活期间受到人身损害的，教育机构应当承担侵权责任

B. 无民事行为能力人在教育机构学习、生活期间遭受财产损失的，教育机构应当承担侵权责任

C. 能够证明尽到教育、管理职责的，教育机构不承担侵权责任

D. 能够证明尽到教育、管理职责的，可以适当减轻教育机构的侵权责任

60. 关于禁止饲养的危险动物损害责任，下列哪些说法是错误

的？（　　）

A. 烈性犬造成他人损害，动物饲养人或者管理人有过错的，应当承担侵权责任

B. 烈性犬造成他人损害，动物饲养人或者管理人不能证明自己没有过错的，应当承担侵权责任

C. 禁止饲养的烈性犬等危险动物造成他人损害，动物饲养人或者管理人有过错的，应当承担侵权责任

D. 禁止饲养的烈性犬等危险动物造成他人损害的，动物饲养人或者管理人应当承担侵权责任

（四）填空题

1. 民事主体从事民事活动，不得违反____，不得违背____。

2. 涉及____、____等胎儿利益保护的，胎儿视为具有民事权利能力。但是，胎儿娩出时为死体的，其民事权利能力____。

3. 不能____自己行为的成年人为无民事行为能力人，由其____代理实施民事法律行为。

4. 被人民法院认定为限制民事行为能力人的，经____、____或者有关组织申请，人民法院可以根据其____、____恢复的状况，认定该成年人恢复为完全民事行为能力人。

5. 监护人____监护职责或者____被监护人合法权益的，应当承担法律责任。

6. 被监护人____或者____完全民事行为能力，监护关系终止。

7. 财产代管人因____或者____造成失踪人财产损失的，应当承担赔偿责任。

8. 被撤销死亡宣告的人有权请求依照《民法典》第六编取得

其财产的民事主体____；无法返还的，应当给予____。

9. 债权是因____、侵权行为、____、不当得利以及法律的其他规定，权利人请求特定义务人____一定行为的权利。

10. 行为人与相对人____，损害他人合法权益的民事法律行为无效。

11. 附生效期限的民事法律行为，自期限____时生效。附终止期限的民事法律行为，自期限____时失效。

12. 行为人实施的行为未被追认的，善意相对人有权请求行为人____或者就其受到的损害请求行为人____。但是，赔偿的范围____超过被代理人追认时相对人所能获得的利益。

13. 因自愿实施____行为造成受助人损害的，救助人不承担民事责任。

14. 侵害英雄烈士等的姓名、肖像、名誉、荣誉，损害____的，应当承担民事责任。

15. 建筑物及其附属设施的费用分摊、收益分配等事项，有约定的，按照约定；没有约定或者约定不明确的，按照业主____确定。

16. 不动产权利人应当为相邻权利人用水、排水提供____。对自然流水的利用，应当在不动产的相邻权利人之间____。对自然流水的排放，应当尊重自然流向。

17. 共有人按照____管理共有的不动产或者动产；____，各共有人都有管理的权利和义务。

18. 用益物权人对他人所有的不动产或者动产，依法享有____、____和____的权利。

19. 通过招标、拍卖、公开协商等方式承包农村土地，经依法登记取得权属证书的，可以依法采取____、____、____或者其他方式流转土地经营权。

20. 质权人在质权存续期间，未经出质人同意，擅自____、处分质押财产，造成出质人损害的，应当承担____。

21. 留置权人对留置财产____或者留置权人接受债务人____的，留置权消灭。

22. 合同文本采用____以上文字订立并约定具有同等效力的，对各文本使用的词句推定具有相同含义。各文本使用的词句不一致的，应当根据合同的____、____、目的以及____原则等予以解释。

23. 当事人订立合同，可以采取____、____方式或者其他方式。

24. 当事人采用合同书形式订立合同的，最后____、____或者按指印的地点为合同成立的地点，但是当事人另有约定的除外。

25. 当事人约定非金钱债权不得转让的，不得对抗____。当事人约定金钱债权不得转让的，不得对抗____。

26. 因____等原因断电，供电人应当按照国家有关规定及时抢修；未及时抢修，造成用电人损失的，应当承担____。

27. 赠与合同中，赠与人的撤销权，自知道或者应当知道撤销事由之日起____内行使。

28. 借款人应当按照约定的期限返还借款。对借款期限没有约定或者约定不明确，依据《民法典》第 510 条的规定仍不能确定的，借款人可以____返还；贷款人可以____借款人在合理期限内返还。

29. 民事主体可以将自己的姓名、名称、肖像等许可他人使用，但是依照＿＿或者根据其性质不得许可的除外。

30. 自然人的＿＿、身体权、＿＿受到侵害或者处于其他危难情形的，负有＿＿义务的组织或者个人应当及时施救。

31. 任何组织或者个人不得以＿＿、污损，或者利用信息技术手段＿＿等方式侵害他人的肖像权。未经肖像权人同意，不得＿＿、使用、＿＿肖像权人的肖像，但是法律另有规定的除外。

32. 民事主体可以依法查询自己的信用评价；发现信用评价不当的，有权提出＿＿并请求采取＿＿、删除等必要措施。信用评价人应当＿＿核查，经核查属实的，应当及时采取必要措施。

33. 夫妻应当互相忠实，互相尊重，互相关爱；家庭成员应当敬老爱幼，互相帮助，维护＿＿、和睦、＿＿的婚姻家庭关系。

34. 配偶、父母、＿＿和其他共同生活的＿＿为家庭成员。

35. 结婚应当男女双方＿＿，禁止任何一方对另一方加以强迫，禁止任何组织或者个人加以＿＿。

36. 夫妻双方都有参加生产、工作、学习和社会活动的＿＿，一方不得对另一方加以限制或者＿＿。

37. 夫妻双方＿＿享有对未成年子女抚养、教育和保护的权利，＿＿承担对未成年子女抚养、教育和保护的义务。

38. 夫妻一方因＿＿需要而实施的民事法律行为，对夫妻双方发生效力，但是夫妻一方与相对人另有约定的除外。

39. 夫妻双方共同签名或者夫妻一方＿＿等共同意思表示所负的债务，以及夫妻一方在婚姻关系存续期间以＿＿为家庭日常生活需要所负的债务，属于夫妻共同债务。

40. 父母有教育、保护未成年子女的权利和义务。未成年子女造成他人损害的，父母应当依法承担____。

41. 继父母与继子女间，不得____或者歧视。继父或者继母和受其____的继子女间的权利义务关系，适用《民法典》关于父母子女关系的规定。

42. 离婚协议应当载明双方自愿离婚的意思表示和对____、财产以及债务处理等事项协商一致的意见。

43. 夫妻一方要求离婚的，可以由有关组织进行____或者直接向人民法院提起____。

44. 离婚后，男女双方____恢复婚姻关系的，应当到婚姻登记机关重新进行结婚登记。

45. 夫妻一方因抚育子女、照料____、____另一方工作等负担较多义务的，离婚时有权向另一方请求补偿，另一方应当给予补偿。

46. 夫妻一方隐藏、转移、变卖、毁损、____夫妻共同财产，或者____夫妻共同债务企图侵占另一方财产的，在离婚分割夫妻共同财产时，对该方可以少分或者不分。离婚后，另一方发现有上述行为的，可以向人民法院提起诉讼，请求____分割夫妻共同财产。

47. 下列未成年人，可以被收养：（1）____父母的孤儿；（2）查找不到生父母的未成年人；（3）生父母有____无力抚养的子女。

48. 配偶一方死亡，另一方送养未成年子女的，死亡一方的父母有____抚养的权利。

49. 收养人不履行抚养义务，有____、遗弃等侵害未成年养子女合法权益行为的，送养人有权要求____养父母与养子女间的收养关系。

50. 遗产第一顺序继承人有____、____、____。

51. 对继承人以外的依靠被继承人扶养的人，或者继承人以外的对被继承人扶养较多的人，可以分给____的遗产。

52. 代书遗嘱应当有两个以上见证人在场见证，由其中一人代书，并由____、____和其他见证人签名，注明年、月、日。

53. 以录音录像形式立的遗嘱，应当有两个以上见证人在场见证。遗嘱人和见证人应当在录音录像中记录其____或者____，以及年、月、日。

54. 继承人以所得遗产实际价值为限清偿被继承人依法应当缴纳的____和债务。

55. 既有法定继承又有遗嘱继承、遗赠的，由____清偿被继承人依法应当缴纳的税款和债务；超过法定继承遗产实际价值部分，由遗嘱继承人和受遗赠人按____以所得遗产清偿。

56. 行为人造成他人民事权益损害，不论行为人____过错，法律规定应当承担侵权责任的，依照其规定。

57. 被侵权人死亡的，其____有权请求侵权人承担侵权责任。被侵权人为组织，该组织分立、合并的，____的组织有权请求侵权人承担侵权责任。

58. 网络服务提供者____网络用户利用其网络服务侵害他人民事权益，未采取____措施的，与该网络用户承担____责任。

59. 非运营机动车发生交通事故造成____搭乘人损害，属于该机动车一方责任的，____减轻其赔偿责任，但是机动车使用人有____的除外。

60. 饲养动物应当遵守法律法规，尊重____，不得妨碍____。

（五）简答题

1. 简述我国民法的基本原则。

2. 简述撤销监护人资格的条件。

3. 简述监护关系终止的情形。

4. 简述申请宣告死亡的情形。

5. 简述知识产权的客体。

6. 简述委托代理终止的情形。

7. 简述承担民事责任的方式。

8. 简答租赁合同中非承租人构成根本性违约时，承租人可以解除合同的情形。

9. 试列举我国《民法典》规定的肖像权的合理使用情形。

10. 试列举侵害隐私权的行为方式。

11. 在婚姻存续期间，哪些财产属于夫妻共同财产？

12. 简述我国《民法典》规定的离婚损害赔偿制度。

13. 收养人应当同时具备的条件有哪些？

14. 简述我国《民法典》中关于生态环境民事公益诉讼的赔偿范围。

15. 简述我国《民法典》关于建筑物、构筑物或者其他设施倒塌、塌陷致害责任的规定。

参考答案

（一）判断题

1. √，解析：根据《民法典》第 7 条规定。

2. √，解析：根据《民法典》第 13 条规定。

3. √，解析：根据《民法典》第 22 条规定。

4. ×，解析：根据《民法典》第 26 条规定，父母对未成年子女负有抚养、教育和保护的义务。成年子女对父母负有赡养、扶助和保护的义务。

5. √，解析：根据《民法典》第 37 条规定。

6. √，解析：根据《民法典》第 42 条规定。

7. ×，解析：根据《民法典》第 52 条规定，被宣告死亡的人在被宣告死亡期间，其子女被他人依法收养的，在死亡宣告被撤销后，不得以未经本人同意为由主张收养行为无效。

8. √，解析：根据《民法典》第 56 条规定。

9. √，解析：根据《民法典》第 112 条规定。

10. √，解析：根据《民法典》第 135 条规定。

11. ×，解析：根据《民法典》第 146 条第 1 款规定，行为人与相对人以虚假的意思表示实施的民事法律行为无效。根据《民法典》第 147 条规定，基于重大误解实施的民事法律行为，行为人有权请求人民法院或者仲裁机构予以撤销。

12. √，解析：根据《民法典》第 168 条规定。

13. ×，解析：根据《民法典》第 186 条规定，因当事人一方的违约行为，损害对方人身权益、财产权益的，受损害方有权选择请求其承担违约责任或者侵权责任。

14. √，解析：根据《民法典》第 190 条规定。

15. ×，解析：根据《民法典》第 273 条规定，业主对建筑物专有部分以外的共有部分，享有权利，承担义务；不得以放弃权利为由不履行义务。业主转让建筑物内的住宅、经营性用房，其对共有部分享有的共有和共同管理的权利一并转让。

16. √，解析：根据《民法典》第 284 条规定。

17. ×，解析：根据《民法典》第 301 条规定，处分共有的不动产或者动产以及对共有的不动产或者动产作重大修缮、变更性质或者用途的，应当经占份额 2/3 以上的按份共有人或者全体共同共有人同意，但是共有人之间另有约定的除外。

18. √，解析：根据《民法典》第 327 条规定。

19. √，解析：根据《民法典》第 336 条规定。

20. √，解析：根据《民法典》第 365 条规定。

21. √，解析：根据《民法典》第 412 条规定

22. ×，解析：根据《民法典》第 541 条规定，自债务人的行为发生之日起 5 年内没有行使撤销权的，该撤销权消灭。

23. √，解析：根据《民法典》第 560 条规定。

24. √，解析：根据《民法典》第 674 条规定。

25. √，解析：根据《民法典》第 984 条规定。

26. ×，解析：根据《民法典》第 990 条第 2 款规定，自然人享有基于人身自由、人格尊严产生的其他人格权益。

27. ×，解析：根据《民法典》第 1002 条规定，自然人享有生命权。自然人的生命安全和生命尊严受法律保护。任何组织或者个人不得侵害他人的生命权。

28. √，解析：根据《民法典》第 1014 条规定。

29. √，解析：根据《民法典》第 1028 条规定。

30. √，解析：根据《民法典》第 1041 条规定。

31. √，解析：根据《民法典》第 1043 条规定。

32. ×，解析：根据《民法典》第 1044 条规定，收养应当遵循最有利于被收养人的原则，保障被收养人和收养人的合法权益。禁止借

收养名义买卖未成年人。

33. ×，解析：根据《民法典》第 1048 条规定，直系血亲或者三代以内的旁系血亲禁止结婚。

34. ×，解析：根据《民法典》第 1049 条规定，要求结婚的男女双方应当亲自到婚姻登记机关申请结婚登记。符合《民法典》规定的，予以登记，发给结婚证。完成结婚登记，即确立婚姻关系。未办理结婚登记的，应当补办登记。

35. √，解析：根据《民法典》第 1050 条规定。

36. √，解析：根据《民法典》第 1055 条规定。

37. √，解析：根据《民法典》第 1056 条规定。

38. ×，解析：根据《民法典》第 1060 条规定，夫妻一方因家庭日常生活需要而实施的民事法律行为，对夫妻双方发生效力，但是夫妻一方与相对人另有约定的除外。夫妻之间对一方可以实施的民事法律行为范围的限制，不得对抗善意相对人。

39. √，解析：根据《民法典》第 1071 条规定。

40. ×，解析：根据《民法典》第 1073 条规定，对亲子关系有异议且有正当理由的，父或者母可以向人民法院提起诉讼，请求确认或者否认亲子关系。对亲子关系有异议且有正当理由的，成年子女可以向人民法院提起诉讼，请求确认亲子关系。

41. ×，解析：根据《民法典》第 1076 条规定，夫妻双方自愿离婚的，应当签订书面离婚协议，并亲自到婚姻登记机关申请离婚登记。离婚协议应当载明双方自愿离婚的意思表示和对子女抚养、财产以及债务处理等事项协商一致的意见。

42. √，解析：根据《民法典》第 1078 条规定。

43. √，解析：根据《民法典》第 1079 条规定。

44. ×，解析：根据《民法典》第 1081 条规定，现役军人的配偶要求离婚，应当征得军人同意，但是军人一方有重大过错的除外。

45. ×，解析：根据《民法典》第 1085 条规定，离婚后，子女由一方直接抚养的，另一方应当负担部分或者全部抚养费。负担费用的多少和期限的长短，由双方协议；协议不成的，由人民法院判决。前款规定的协议或者判决，不妨碍子女在必要时向父母任何一方提出超过协议或者判决原定数额的合理要求。

46. ×，解析：根据《民法典》第 1095 条规定，未成年人的父母均不具备完全民事行为能力且可能严重危害该未成年人的，该未成年人的监护人可以将其送养。

47. ×，解析：根据《民法典》第 1109 条规定，外国人依法可以在中华人民共和国收养子女。外国人在中华人民共和国收养子女，应当经其所在国主管机关依照该国法律审查同意。收养人应当提供由其所在国有权机构出具的有关其年龄、婚姻、职业、财产、健康、有无受过刑事处罚等状况的证明材料，并与送养人签订书面协议，亲自向省、自治区、直辖市人民政府民政部门登记。前款规定的证明材料应当经收养人所在国外交机关或者外交机关授权的机构认证，并经中华人民共和国驻该国使领馆认证，但是国家另有规定的除外。

48. √，解析：根据《民法典》第 1112 条规定。

49. ×，解析：根据《民法典》第 1114 条第 1 款规定，收养人在被收养人成年以前，不得解除收养关系，但是收养人、送养人双方协议解除的除外。养子女 8 周岁以上的，应当征得本人同意。

50. ×，解析：根据《民法典》第 1122 条规定，遗产是自然人死亡时遗留的个人合法财产。依照法律规定或者根据其性质不得继承的遗产，不得继承。

51. ×，解析：根据《民法典》第 1128 条规定，被继承人的子女先于被继承人死亡的，由被继承人的子女的直系晚辈血亲代位继承。被继承人的兄弟姐妹先于被继承人死亡的，由被继承人的兄弟姐妹的子女代位继承。代位继承人一般只能继承被代位继承人有权继承的遗产份额。

52. ×，解析：根据《民法典》第 1132 条规定，继承人应当本着互谅互让、和睦团结的精神，协商处理继承问题。遗产分割的时间、办法和份额，由继承人协商确定；协商不成的，可以由人民调解委员会调解或者向人民法院提起诉讼。

53. ×，解析：根据《民法典》第 1136 条规定，打印遗嘱应当有两个以上见证人在场见证。遗嘱人和见证人应当在遗嘱每一页签名，注明年、月、日。

54. ×，解析：根据《民法典》第 1142 条规定，遗嘱人可以撤回、变更自己所立的遗嘱。立遗嘱后，遗嘱人实施与遗嘱内容相反的民事法律行为的，视为对遗嘱相关内容的撤回。立有数份遗嘱，内容相抵触的，以最后的遗嘱为准。

55. √，解析：根据《民法典》第 1148 条规定。

56. ×，解析：根据《民法典》第 1160 条规定，无人继承又无人受遗赠的遗产，归国家所有，用于公益事业；死者生前是集体所有制组织成员的，归所在集体所有制组织所有。

57. ×，解析：根据《民法典》第 1176 条第 1 款规定，自愿参加具有一定风险的文体活动，因其他参加者的行为受到损害的，受害人不得请求其他参加者承担侵权责任；但是，其他参加者对损害的发生有故意或者重大过失的除外。

58. ×，解析：根据《民法典》第 1182 条规定，侵害他人人身权益造成财产损失的，按照被侵权人因此受到的损失或者侵权人因此获得的利益赔偿；被侵权人因此受到的损失以及侵权人因此获得的利益难以确定，被侵权人和侵权人就赔偿数额协商不一致，向人民法院提起诉讼的，由人民法院根据实际情况确定赔偿数额。

59. ×，解析：根据《民法典》第 1188 条第 1 款规定，无民事行为能力人、限制民事行为能力人造成他人损害的，由监护人承担侵权责任。监护人尽到监护职责的，可以减轻其侵权责任。

60. √，解析：根据《民法典》第 1202 条规定。

（二）单项选择题

1. A，解析：根据《民法典》第 2 条规定，民法调整平等主体的自然人、法人和非法人组织之间的人身关系和财产关系。

2. B，解析：根据《民法典》第 14 条规定，自然人的民事权利能力一律平等。

3. B，解析：根据《民法典》第 17 条规定，18 周岁以上的自然人为成年人。不满 18 周岁的自然人为未成年人。

4. B，解析：根据《民法典》第 29 条规定，被监护人的父母担任监护人的，可以通过遗嘱指定监护人。

5. A，解析：根据《民法典》第 33 条规定，具有完全民事行为能力的成年人，可以与其近亲属、其他愿意担任监护人的个人或者组织事先协商，以书面形式确定自己的监护人，在自己丧失或者部分丧失民事行为能力时，由该监护人履行监护职责。

6. B，解析：根据《民法典》第 40 条规定，自然人下落不明满 2 年的，利害关系人可以向人民法院申请宣告该自然人为失踪人。

7. A，解析：根据《民法典》第 49 条规定，自然人被宣告死亡但是并未死亡的，不影响该自然人在被宣告死亡期间实施的民事法律行为的效力。

8. A，解析：根据《民法典》第 55 条规定，农村集体经济组织的成员，依法取得农村土地承包经营权，从事家庭承包经营的，为农村承包经营户。

9. C，解析：根据《民法典》第 117 条规定，为了公共利益的需要，依照法律规定的权限和程序征收、征用不动产或者动产的，应当给予公平、合理的补偿。

10. C，解析：根据《民法典》第 133 条规定，民事法律行为是民事主体通过意思表示设立、变更、终止民事法律关系的行为。根据《民法典》第 134 条规定，民事法律行为可以基于双方或者多方的意思表示一致成立，也可以基于单方的意思表示成立。法人、非法人组织依照法律或者章程规定的议事方式和表决程序作出决议的，该决议行为成立。

11. A，解析：根据《民法典》第152条第2款规定，当事人自民事法律行为发生之日起5年内没有行使撤销权的，撤销权消灭。

12. C，解析：根据《民法典》第158条规定，民事法律行为可以附条件，但是根据其性质不得附条件的除外。附生效条件的民事法律行为，自条件成就时生效。附解除条件的民事法律行为，自条件成就时失效。

13. D，解析：根据《民法典》第180条规定，因不可抗力不能履行民事义务的，不承担民事责任。法律另有规定的，依照其规定。不可抗力是不能预见、不能避免且不能克服的客观情况。

14. C，解析：根据《民法典》第188条第2款规定，诉讼时效期间自权利人知道或者应当知道权利受到损害以及义务人之日起计算。法律另有规定的，依照其规定。但是，自权利受到损害之日起超过20年的，人民法院不予保护，有特殊情况的，人民法院可以根据权利人的申请决定延长。

15. C，解析：根据《民法典》第214条规定，不动产物权的设立、变更、转让和消灭，依照法律规定应当登记的，自记载于不动产登记簿时发生效力。

16. C，解析：根据《民法典》第271条规定，业主对建筑物内的住宅、经营性用房等专有部分享有所有权，对专有部分以外的共有部分享有共有和共同管理的权利。

17. D，解析：根据《民法典》第306条规定，按份共有人转让其享有的共有的不动产或者动产份额的，应当将转让条件及时通知其他共有人。其他共有人应当在合理期限内行使优先购买权。两个以上其他共有人主张行使优先购买权的，协商确定各自的购买比例；协商不成的，按照转让时各自的共有份额比例行使优先购买权。

18. A，解析：根据《民法典》第332条规定，耕地的承包期为30年。草地的承包期为30年至50年。林地的承包期为30年至70年。前款规定的承包期限届满，由土地承包经营权人依照农村土地承包的法律规定继续承包。

19. A，解析：根据《民法典》第359条规定，住宅建设用地使用权期限届满的，自动续期。续期费用的缴纳或者减免，依照法律、行政法规的规定办理。非住宅建设用地使用权期限届满后的续期，依照法律规定办理。该土地上的房屋及其他不动产的归属，有约定的，按照约定；没有约定或者约定不明确的，依照法律、行政法规的规定办理。

20. C，解析：根据《民法典》第364条规定，宅基地因自然灾害等原因灭失的，宅基地使用权消灭。对失去宅基地的村民，应当依法重新分配宅基地。

21. D，解析：根据《民法典》第368条规定，居住权无偿设立，但是当事人另有约定的除外。设立居住权的，应当向登记机构申请居住权登记。居住权自登记时设立。

22. B，解析：根据《民法典》第476条规定，要约可以撤销，但是有下列情形之一的除外：（1）要约人以确定承诺期限或者其他形式明示要约不可撤销；（2）受要约人有理由认为要约是不可撤销的，并已经为履行合同做了合理准备工作。

23. D，解析：根据《民法典》第497条规定，有下列情形之一的，该格式条款无效：（1）具有本法第一编第六章第三节和本法第506条规定的无效情形；（2）提供格式条款一方不合理地免除或者减轻其责任、加重对方责任、限制对方主要权利；（3）提供格式条款一方排除对方主要权利。

24. C，解析：根据《民法典》第506条规定，合同中的下列免责条款无效：（1）造成对方人身损害的；（2）因故意或者重大过失造成对方财产损失的。

25. A，解析：根据《民法典》第578条规定，当事人一方明确表示或者以自己的行为表明不履行合同义务的，对方可以在履行期限届满前请求其承担违约责任。

26. D，解析：根据《民法典》第589条规定，债务人按照约定履行债务，债权人无正当理由拒绝受领的，债务人可以请求债权人赔偿增加的费用。在债权人受领迟延期间，债务人无须支付利息。

27. C，解析：根据《民法典》第670条规定，借款的利息不得预先在本金中扣除。利息预先在本金中扣除的，应当按照实际借款数额返还借款并计算利息。

28. D，解析：根据《民法典》第981条规定，管理人管理他人事务，应当采取有利于受益人的方法。中断管理对受益人更为不利的，无正当理由不得中断。A项表述正确，D项表述错误。根据《民法典》第982条规定，管理人管理他人事务时，能够通知受益人的，应当及时通知受益人。管理的事务不需要紧急处理的，应当等待受益人的指示。B项表述正确。根据《民法典》第983条规定，管理结束后，管理人应当向受益人报告管理事务的情况。管理人管理事务取得的财产，应当及时转交给受益人。C项表述正确。

29. D，解析：根据《民法典》第996条规定，因当事人一方的违约行为，损害对方人格权并造成严重精神损害，受损害方选择请求其承担违约责任的，不影响受损害方请求精神损害赔偿。

30. B，解析：根据《民法典》第1006条规定，完全民事行为能力人有权依法自主决定无偿捐献其人体细胞、人体组织、人体器官、遗体。任何组织或者个人不得强迫、欺骗、利诱其捐献。完全民事行为能力人依据前款规定同意捐献的，应当采用书面形式，也可以订立遗嘱。自然人生前未表示不同意捐献的，该自然人死亡后，其配偶、成年子女、父母可以共同决定捐献，决定捐献应当采用书面形式。据此ACD项表述正确，B项中不能是有偿，表述错误。

31. C，解析：根据《民法典》第 1047 条规定，结婚年龄，男不得早于 22 周岁，女不得早于 20 周岁。

32. C，解析：根据《民法典》第 1052 条规定，因胁迫结婚的，受胁迫的一方可以向人民法院请求撤销婚姻。请求撤销婚姻的，应当自胁迫行为终止之日起 1 年内提出。被非法限制人身自由的当事人请求撤销婚姻的，应当自恢复人身自由之日起 1 年内提出。

33. D，解析：根据《民法典》第 1063 条规定，下列财产为夫妻一方的个人财产：（1）一方的婚前财产；（2）一方因受到人身损害获得的赔偿或者补偿；（3）遗嘱或者赠与合同中确定只归一方的财产；（4）一方专用的生活用品；（5）其他应当归一方的财产。

34. D，解析：根据《民法典》第 1064 条规定，夫妻双方共同签名或者夫妻一方事后追认等共同意思表示所负的债务，以及夫妻一方在婚姻关系存续期间以个人名义为家庭日常生活需要所负的债务，属于夫妻共同债务。夫妻一方在婚姻关系存续期间以个人名义超出家庭日常生活需要所负的债务，不属于夫妻共同债务；但是，债权人能够证明该债务用于夫妻共同生活、共同生产经营或者基于夫妻双方共同意思表示的除外。

35. B，解析：根据《民法典》第 1067 条规定，父母不履行抚养义务的，未成年子女或者不能独立生活的成年子女，有要求父母给付抚养费的权利。成年子女不履行赡养义务的，缺乏劳动能力或者生活困难的父母，有要求成年子女给付赡养费的权利。

36. B，解析：根据《民法典》第 1067 条规定，父母不履行抚养义务的，未成年子女或者不能独立生活的成年子女，有要求父母给付抚养费的权利。成年子女不履行赡养义务的，缺乏劳动能力或者生活困难的父母，有要求成年子女给付赡养费的权利。

37. B，解析：根据《民法典》第 1077 条规定，自婚姻登记机关收到离婚登记申请之日起 30 日内，任何一方不愿意离婚的，可以向婚姻登记机关撤回离婚登记申请。前款规定期限届满后 30 日内，双方应当亲自到婚姻登记机关申请发给离婚证；未申请的，视为撤回离婚登记申请。

38. B，解析：根据《民法典》第 1082 条规定，女方在怀孕期间、分娩后 1 年内或者终止妊娠后 6 个月内，男方不得提出离婚；但是，女方提出离婚或者人民法院认为确有必要受理男方离婚请求的除外。

39. B，解析：根据《民法典》第 1084 条规定，父母与子女间的关系，不因父母离婚而消除。离婚后，子女无论由父或者母直接抚养，仍是父母双方的子女。离婚后，父母对于子女仍有抚养、教育、保护的权利和义务。离婚后，不满 2 周岁的子女，以由母亲直接抚养为原则。已满 2 周岁的子女，父母双方对抚养问题协议不成的，由人民法院根据双方的具体情况，按照最有利于未成年子女的原则判决。子女已满 8 周岁的，应当尊重其真实意愿。

40. C，解析：根据《民法典》第 1086 条规定，离婚后，不直接抚养子女的父或者母，有探望子女的权利，另一方有协助的义务。行使探望权利的方式、时间由当事人协议；协议不成的，由人民法院判决。父或者母探望子女，不利于子女身心健康的，由人民法院依法中止探望；中止的事由消失后，应当恢复探望。

41. A，解析：根据《民法典》第 1100 条规定，无子女的收养人可以收养 2 名子女；有子女的收养人只能收养 1 名子女。收养孤儿、残疾未成年人或者儿童福利机构抚养的查找不到生父母的未成年人，可以不受前款和本法第 1098 条第 1 项（无子女或者只有 1 名子女）规定的限制。

42. C，解析：根据《民法典》第 1102 条规定，无配偶者收养异性子女的，收养人与被收养人的年龄应当相差 40 周岁以上。

43. C，解析：根据《民法典》第 1104 条规定，收养人收养与送养人送养，应当双方自愿。收养 8 周岁以上未成年人的，应当征得被收养人的同意。

44. C，解析：根据《民法典》第 1122 条规定，遗产是自然人死亡时遗留的个人合法财产。依照法律规定或者根据其性质不得继承的遗产，不得继承。

45. C，解析：根据《民法典》第 1142 条规定，遗嘱人可以撤回、变更自己所立的遗嘱。立遗嘱后，遗嘱人实施与遗嘱内容相反的民事法律行为的，视为对遗嘱相关内容的撤回。立有数份遗嘱，内容相抵触的，以最后的遗嘱为准。据此。ABD 项正确，C 项错误。

46. A，解析：根据《民法典》第 1158 条规定，自然人可以与继承人以外的组织或者个人签订遗赠扶养协议。按照协议，该组织或者个人承担该自然人生养死葬的义务，享有受遗赠的权利。据此，A 项表述错误。

47. C，解析：根据《民法典》第 1209 条规定，因租赁、借用等情形机动车所有人、管理人与使用人不是同一人时，发生交通事故造成损害，属于该机动车一方责任的，由机动车使用人承担赔偿责任；机动车所有人、管理人对损害的发生有过错的，承担相应的赔偿责任。根据《民法典》第 1210 条规定，当事人之间已经以买卖或者其他方式转让并交付机动车但是未办理登记，发生交通事故造成损害，属于该机动车一方责任的，由受让人承担赔偿责任。故 C 项表述错误。

48. D，解析：根据《民法典》第 1250 条规定，因第三人的过错致使动物造成他人损害的，被侵权人可以向动物饲养人或者管理人请求赔偿，也可以向第三人请求赔偿。动物饲养人或者管理人赔偿后，有权向第三人追偿。故 D 项表述错误。

（三）多项选择题

1. ABCD，解析：根据《民法典》第 4 条至第 9 条规定，我国民法的基本原则包括平等原则、自愿原则、公平原则、诚信原则、守法与公序良俗原则以及绿色原则。

2. ABCD，解析：根据《民法典》第15条规定，自然人的出生时间和死亡时间，以出生证明、死亡证明记载的时间为准；没有出生证明、死亡证明的，以户籍登记或者其他有效身份登记记载的时间为准。有其他证据足以推翻以上记载时间的，以该证据证明的时间为准。

3. AB，解析：根据《民法典》第19条规定，8周岁以上的未成年人为限制民事行为能力人，实施民事法律行为由其法定代理人代理或者经其法定代理人同意、追认；但是，可以独立实施纯获利益的民事法律行为或者与其年龄、智力相适应的民事法律行为。

4. ACD，解析：根据《民法典》第25条规定，自然人以户籍登记或者其他有效身份登记记载的居所为住所；经常居所与住所不一致的，经常居所视为住所。

5. ABCD，解析：根据《民法典》第31条第3款规定，依据本条第1款规定指定监护人前，被监护人的人身权利、财产权利以及其他合法权益处于无人保护状态的，由被监护人住所地的居民委员会、村民委员会、法律规定的有关组织或者民政部门担任临时监护人。

6. CD，解析：根据《民法典》第41条规定，自然人下落不明的时间自其失去音讯之日起计算。战争期间下落不明的，下落不明的时间自战争结束之日或者有关机关确定的下落不明之日起计算。

7. CD，解析：根据《民法典》第50条规定，被宣告死亡的人重新出现，经本人或者利害关系人申请，人民法院应当撤销死亡宣告。

8. AD，解析：根据《民法典》第54条规定，自然人从事工商业经营，经依法登记，为个体工商户。个体工商户可以起字号。根据《民法典》第56条第1款规定，个体工商户的债务，个人经营的，以个人财产承担；家庭经营的，以家庭财产承担；无法区分的，以家庭财产承担。

9. ABCD，解析：根据《民法典》第 111 条规定，自然人的个人信息受法律保护。任何组织或者个人需要获取他人个人信息的，应当依法取得并确保信息安全，不得非法收集、使用、加工、传输他人个人信息，不得非法买卖、提供或者公开他人个人信息。

10. ABCD，解析：根据《民法典》第 137 条规定，以对话方式作出的意思表示，相对人知道其内容时生效。以非对话方式作出的意思表示，到达相对人时生效。以非对话方式作出的采用数据电文形式的意思表示，相对人指定特定系统接收数据电文的，该数据电文进入该特定系统时生效；未指定特定系统的，相对人知道或者应当知道该数据电文进入其系统时生效。当事人对采用数据电文形式的意思表示的生效时间另有约定的，按照其约定。根据《民法典》第 138 条规定，无相对人的意思表示，表示完成时生效。法律另有规定的，依照其规定。根据《民法典》第 139 条规定，以公告方式作出的意思表示，公告发布时生效。

11. ABCD，解析：根据《民法典》第 145 条规定，限制民事行为能力人实施的纯获利益的民事法律行为或者与其年龄、智力、精神健康状况相适应的民事法律行为有效；实施的其他民事法律行为经法定代理人同意或者追认后有效。相对人可以催告法定代理人自收到通知之日起 30 日内予以追认。法定代理人未作表示的，视为拒绝追认。民事法律行为被追认前，善意相对人有撤销的权利。撤销应当以通知的方式作出。

12. ABCD，解析：根据《民法典》第 148 条规定，一方以欺诈手段，使对方在违背真实意思的情况下实施的民事法律行为，受欺诈方有权请求人民法院或者仲裁机构予以撤销。根据《民法典》第 149 条规定，第三人实施欺诈行为，使一方在违背真实意思的情况下实施的民事法律行为，对方知道或者应当知道该欺诈行为的，受欺诈方有权请求人民法院或者仲裁机构予以撤销。根据《民法典》第 150 条规定，一方或者第三人以胁迫手段，使对方在违背真实意思的情况下实施的民事法律行为，受胁迫方有权请求人民法院或者仲裁机构予以撤销。根据《民法典》第 151 条规定，一方利用对方处于危困状态、缺乏判断能力等情形，致使民事法律行为成立时显失公平的，受损害方有权请求人民法院或者仲裁机构予以撤销。

13. ABCD，解析：根据《民法典》第 177 条规定，二人以上依法承担按份责任，能够确定责任大小的，各自承担相应的责任；难以确定责任大小的，平均承担责任。根据《民法典》第 178 条规定，二人以上依法承担连带责任的，权利人有权请求部分或者全部连带责任人承担责任。连带责任人的责任份额根据各自责任大小确定；难以确定责任大小的，平均承担责任。实际承担责任超过自己责任份额的连带责任人，有权向其他连带责任人追偿。连带责任，由法律规定或者当事人约定。

14. ABCD，解析：根据《民法典》第 196 条规定，下列请求权不适用诉讼时效的规定：（1）请求停止侵害、排除妨碍、消除危险；（2）不动产物权和登记的动产物权的权利人请求返还财产；（3）请求支付抚养费、赡养费或者扶养费；（4）依法不适用诉讼时效的其他请求权。

15. ABC，解析：根据《民法典》第 221 条规定，当事人签订买卖房屋的协议或者签订其他不动产物权的协议，为保障将来实现物权，按照约定可以向登记机构申请预告登记。预告登记后，未经预告登记的权利人同意，处分该不动产的，不发生物权效力。预告登记后，债权消灭或者自能够进行不动产登记之日起 90 日内未申请登记的，预告登记失效。

16. ABC，解析：根据《民法典》第 280 条规定，业主大会或者业主委员会的决定，对业主具有法律约束力。业主大会或者业主委员会作出的决定侵害业主合法权益的，受侵害的业主可以请求人民法院予以撤销。

17. ABC，解析：根据《民法典》第 302 条规定，共有人对共有物的管理费用以及其他负担，有约定的，按照其约定；没有约定或者约定不明确的，按份共有人按照其份额负担，共同共有人共同负担。

18. ABCD，解析：根据《民法典》第 334 条规定，土地承包经营权人依照法律规定，有权将土地承包经营权互换、转让。未经依法批准，不得将承包地用于非农建设。根据《民法典》第 335 条规定，土地承包经营权互换、转让的，当事人可以向登记机构申请登记；未经登记，不得对抗善意第三人。

19. BCD，解析：根据《民法典》第 409 条规定，抵押权人可以放弃抵押权或者抵押权的顺位。抵押权人与抵押人可以协议变更抵押权顺位以及被担保的债权数额等内容。但是，抵押权的变更未经其他抵押权人书面同意的，不得对其他抵押权人产生不利影响。债务人以自己的财产设定抵押，抵押权人放弃该抵押权、抵押权顺位或者变更抵押权的，其他担保人在抵押权人丧失优先受偿权益的范围内免除担保责任，但是其他担保人承诺仍然提供担保的除外。

20. BCD，解析：根据《民法典》第 481 条规定，承诺应当在要约确定的期限内到达要约人。要约没有确定承诺期限的，承诺应当依照下列规定到达：（1）要约以对话方式作出的，应当即时作出承诺；（2）要约以非对话方式作出的，承诺应当在合理期限内到达。

21. AB，解析：根据《民法典》第 500 条规定，当事人在订立合同过程中有下列情形之一，造成对方损失的，应当承担赔偿责任：（1）假借订立合同，恶意进行磋商；（2）故意隐瞒与订立合同有关的重要事实或者提供虚假情况；（3）有其他违背诚信原则的行为。

22. AD，解析：根据《民法典》第 529 条规定，债权人分立、合并或者变更住所没有通知债务人，致使履行债务发生困难的，债务人可以中止履行或者将标的物提存。

23. ABCD，解析：根据《民法典》第603条规定，出卖人应当按照约定的地点交付标的物。当事人没有约定交付地点或者约定不明确，依据本法第510条的规定仍不能确定的，适用下列规定：（1）标的物需要运输的，出卖人应当将标的物交付给第一承运人以运交给买受人；（2）标的物不需要运输，出卖人和买受人订立合同时知道标的物在某一地点的，出卖人应当在该地点交付标的物；不知道标的物在某一地点的，应当在出卖人订立合同时的营业地交付标的物。

24. ABCD，解析：根据《民法典》第635条规定，凭样品买卖的当事人应当封存样品，并可以对样品质量予以说明。出卖人交付的标的物应当与样品及其说明的质量相同。

25. ABC，解析：根据《民法典》第680条第1、3款规定，禁止高利放贷，借款的利率不得违反国家有关规定。借款合同对支付利息约定不明确，当事人不能达成补充协议的，按照当地或者当事人的交易方式、交易习惯、市场利率等因素确定利息；自然人之间借款的，视为没有利息。故AB项正确。根据《民法典》第679条规定，自然人之间的借款合同，自贷款人提供借款时成立。故C项正确，D项错误。

26. ABC，解析：根据《民法典》第986条规定，得利人不知道且不应当知道取得的利益没有法律根据，取得的利益已经不存在的，不承担返还该利益的义务。A项正确。根据《民法典》第987条规定，得利人知道或者应当知道取得的利益没有法律根据的，受损失的人可以请求得利人返还其取得的利益并依法赔偿损失。B项正确，D项错误。根据《民法典》第988条规定，得利人已经将取得的利益无偿转让给第三人的，受损失的人可以请求第三人在相应范围内承担返还义务。C项正确。

27. ABC，解析：根据《民法典》第 999 条规定，为公共利益实施新闻报道、舆论监督等行为的，可以合理使用民事主体的姓名、名称、肖像、个人信息等；使用不合理侵害民事主体人格权的，应当依法承担民事责任。

28. ABC，解析：根据《民法典》第 1011 条规定，以非法拘禁等方式剥夺、限制他人的行动自由，或者非法搜查他人身体的，受害人有权依法请求行为人承担民事责任。选项 ABC 正确。根据《民法典》第 1032 条第 1 款规定，D 项属于侵害隐私权的行为。

29. ABCD，解析：根据《民法典》第 1015 条规定，自然人应当随父姓或者母姓，但是有下列情形之一的，可以在父姓和母姓之外选取姓氏：（1）选取其他直系长辈血亲的姓氏；（2）因由法定扶养人以外的人扶养而选取扶养人姓氏；（3）有不违背公序良俗的其他正当理由。少数民族自然人的姓氏可以遵从本民族的文化传统和风俗习惯。

30. ACD，解析：根据《民法典》第 1022 条规定，当事人对肖像许可使用期限没有约定或者约定不明确的，任何一方当事人可以随时解除肖像许可使用合同，但是应当在合理期限之前通知对方。当事人对肖像许可使用期限有明确约定，肖像权人有正当理由的，可以解除肖像许可使用合同，但是应当在合理期限之前通知对方。因解除合同造成对方损失的，除不可归责于肖像权人的事由外，应当赔偿损失。据此，选项 ACD 正确，选项 B 错误。

31. ABCD，解析：根据《民法典》第 1041 条规定，婚姻家庭受国家保护。实行婚姻自由、一夫一妻、男女平等的婚姻制度。保护妇女、未成年人、老年人、残疾人的合法权益。

32. ABCD，解析：根据《民法典》第 1042 条规定，禁止包办、买卖婚姻和其他干涉婚姻自由的行为。禁止借婚姻索取财物。禁止重婚。禁止有配偶者与他人同居。禁止家庭暴力。禁止家庭成员间的虐待和遗弃。

33. BCD，解析：根据《民法典》第 1045 条规定，亲属包括配偶、血亲和姻亲。配偶、父母、子女、兄弟姐妹、祖父母、外祖父母、孙子女、外孙子女为近亲属。配偶、父母、子女和其他共同生活的近亲属为家庭成员。

34. ABCD，解析：根据《民法典》第 1049 条规定，要求结婚的男女双方应当亲自到婚姻登记机关申请结婚登记。符合本法规定的，予以登记，发给结婚证。完成结婚登记，即确立婚姻关系。未办理结婚登记的，应当补办登记。

35. ABC，解析：根据《民法典》第 1051 条规定，有下列情形之一的，婚姻无效：（1）重婚；（2）有禁止结婚的亲属关系；（3）未到法定婚龄。

36. ABCD，解析：根据《民法典》第 1052 条规定，因胁迫结婚的，受胁迫的一方可以向人民法院请求撤销婚姻。请求撤销婚姻的，应当自胁迫行为终止之日起 1 年内提出。被非法限制人身自由的当事人请求撤销婚姻的，应当自恢复人身自由之日起 1 年内提出。根据《民法典》第 1053 条规定，一方患有重大疾病的，应当在结婚登记前如实告知另一方；不如实告知的，另一方可以向人民法院请求撤销婚姻。请求撤销婚姻的，应当自知道或者应当知道撤销事由之日起 1 年内提出。

37. ABCD，解析：根据《民法典》第 1054 条规定，无效的或者被撤销的婚姻自始没有法律约束力，当事人不具有夫妻的权利和义务。同居期间所得的财产，由当事人协议处理；协议不成的，由人民法院根据照顾无过错方的原则判决。对重婚导致的无效婚姻的财产处理，不得侵害合法婚姻当事人的财产权益。当事人所生的子女，适用本法关于父母子女的规定。婚姻无效或者被撤销的，无过错方有权请求损害赔偿。

38. ABCD，解析：根据《民法典》第 1059 条规定，夫妻有相互扶养的义务。需要扶养的一方，在另一方不履行扶养义务时，有要求其给付扶养费的权利。根据《民法典》第 1061 条规定，夫妻有相互继承遗产的权利。根据《民法典》第 1062 条第 2 款规定，夫妻对共同财产，有平等的处理权。

39. ABD，解析：根据《民法典》第 1062 条规定，夫妻在婚姻关系存续期间所得的下列财产，为夫妻的共同财产，归夫妻共同所有：（1）工资、奖金、劳务报酬；（2）生产、经营、投资的收益；（3）知识产权的收益；（4）继承或者受赠的财产，但是本法第 1063 条第 3 项规定的除外；（5）其他应当归共同所有的财产。夫妻对共同财产，有平等的处理权。

40. AC，解析：根据《民法典》第 1066 条规定，婚姻关系存续期间，有下列情形之一的，夫妻一方可以向人民法院请求分割共同财产：（1）一方有隐藏、转移、变卖、毁损、挥霍夫妻共同财产或者伪造夫妻共同债务等严重损害夫妻共同财产利益的行为；（2）一方负有法定扶养义务的人患重大疾病需要医治，另一方不同意支付相关医疗费用。

41. ABCD，解析：根据《民法典》第 1069 条规定，子女应当尊重父母的婚姻权利，不得干涉父母离婚、再婚以及婚后的生活。子女对父母的赡养义务，不因父母的婚姻关系变化而终止。根据《民法典》第 1070 条规定，父母和子女有相互继承遗产的权利。

42. BD，解析：根据《民法典》第 1071 条规定，非婚生子女享有与婚生子女同等的权利，任何组织或者个人不得加以危害和歧视。不直接抚养非婚生子女的生父或者生母，应当负担未成年子女或者不能独立生活的成年子女的抚养费。

43. ABCD，解析：根据《民法典》第 1074 条规定，有负担能力的祖父母、外祖父母，对于父母已经死亡或者父母无力抚养的未成年孙子女、外孙子女，有抚养的义务。有负担能力的孙子女、外孙子女，对于子女已经死亡或者子女无力赡养的祖父母、外祖父母，有赡养的义务。根据《民法典》第 1075 条规定，有负担能力的兄、姐，对于父母已经死亡或者父母无力抚养的未成年弟、妹，有扶养的义务。由兄、姐扶养长大的有负担能力的弟、妹，对于缺乏劳动能力又缺乏生活来源的兄、姐，有扶养的义务。

44. ABCD，解析：根据《民法典》第 1079 条第 3 款规定，有下列情形之一，调解无效的，应当准予离婚：（1）重婚或者与他人同居；（2）实施家庭暴力或者虐待、遗弃家庭成员；（3）有赌博、吸毒等恶习屡教不改；（4）因感情不和分居满 2 年；（5）其他导致夫妻感情破裂的情形。

45. ABCD，解析：根据《民法典》第 1080 条规定，完成离婚登记，或者离婚判决书、调解书生效，即解除婚姻关系。

46. ABCD，解析：根据《民法典》第 1084 条规定，父母与子女间的关系，不因父母离婚而消除。离婚后，子女无论由父或者母直接抚养，仍是父母双方的子女。离婚后，父母对于子女仍有抚养、教育、保护的权利和义务。离婚后，不满 2 周岁的子女，以由母亲直接抚养为原则。已满 2 周岁的子女，父母双方对抚养问题协议不成的，由人民法院根据双方的具体情况，按照最有利于未成年子女的原则判决。子女已满 8 周岁的，应当尊重其真实意愿。

47. ACD，解析：根据《民法典》第 1079 条第 2 款规定，人民法院审理离婚案件，应当进行调解；如果感情确已破裂，调解无效的，应当准予离婚。根据《民法典》第 1087 条规定，离婚时，夫妻的共同财产由双方协议处理；协议不成的，由人民法院根据财产的具体情况，按照照顾子女、女方和无过错方权益的原则判决。对夫或者妻在家庭土地承包经营中享有的权益等，应当依法予以保护。根据《民法典》第 1089 条规定，离婚时，夫妻共同债务应当共同偿还。共同财产不足清偿或者财产归各自所有的，由双方协议清偿；协议不成的，由人民法院判决。根据《民法典》第 1090 条规定，离婚时，如果一方生活困难，有负担能力的另一方应当给予适当帮助。具体办法由双方协议；协议不成的，由人民法院判决。

48. ABCD，解析：根据《民法典》第 1091 条规定，有下列情形之一，导致离婚的，无过错方有权请求损害赔偿：（1）重婚；（2）与他人同居；（3）实施家庭暴力；（4）虐待、遗弃家庭成员；（5）有其他重大过错。

49. ACD，解析：根据《民法典》第 1094 条规定，下列个人、组织可以作送养人：（1）孤儿的监护人；（2）儿童福利机构；（3）有特殊困难无力抚养子女的生父母。

50. ABCD，解析：根据《民法典》第 1096 条规定，监护人送养孤儿的，应当征得有抚养义务的人同意。有抚养义务的人不同意送养、监护人不愿意继续履行监护职责的，应当依照本法第一编的规定另行确定监护人。根据《民法典》第 1097 条规定，生父母送养子女，应当双方共同送养。生父母一方不明或者查找不到的，可以单方送养。根据《民法典》第 1099 条第 2 款规定，华侨收养三代以内旁系同辈血亲的子女，还可以不受本法第 1098 条第 1 项（无子女或者只有 1 名子女）规定的限制。

51. ABC，解析：根据《民法典》第 1105 条规定，收养应当向县级以上人民政府民政部门登记。收养关系自登记之日起成立。收养查找不到生父母的未成年人的，办理登记的民政部门应当在登记前予以公告。收养关系当事人愿意签订收养协议的，可以签订收养协议。收养关系当事人各方或者一方要求办理收养公证的，应当办理收养公证。县级以上人民政府民政部门应当依法进行收养评估。

52. AD，解析：根据《民法典》第 1115 条规定，养父母与成年养子女关系恶化、无法共同生活的，可以协议解除收养关系。不能达成协议的，可以向人民法院提起诉讼。根据《民法典》第 1116 条规定，当事人协议解除收养关系的，应当到民政部门办理解除收养关系登记。根据《民法典》第 1117 条规定，收养关系解除后，养子女与养父母以及其他近亲属间的权利义务关系即行消除，与生父母以及其他近亲属间的权利义务关系自行恢复。但是，成年养子女与生父母以及其他近亲属间的权利义务关系是否恢复，可以协商确定。根据《民法典》第1118条第1款规定，收养关系解除后，经养父母抚养的成年养子女，对缺乏劳动能力又缺乏生活来源的养父母，应当给付生活费。因养子女成年后虐待、遗弃养父母而解除收养关系的，养父母可以要求养子女补偿收养期间支出的抚养费。

53. ABC，解析：根据《民法典》第1125条规定，继承人有下列行为之一的，丧失继承权：（1）故意杀害被继承人；（2）为争夺遗产而杀害其他继承人；（3）遗弃被继承人，或者虐待被继承人情节严重；（4）伪造、篡改、隐匿或者销毁遗嘱，情节严重；（5）以欺诈、胁迫手段迫使或者妨碍被继承人设立、变更或者撤回遗嘱，情节严重。继承人有前款第3项至第5项行为，确有悔改表现，被继承人表示宽恕或者事后在遗嘱中将其列为继承人的，该继承人不丧失继承权。受遗赠人有本条第1款规定行为的，丧失受遗赠权。据此，AC项正确。相关行为须达到情节严重才丧失受遗赠权，B项错误；受遗赠权一旦丧失即无法恢复，D项错误。

54. AB，解析：根据《民法典》第1139条规定，公证遗嘱由遗嘱人经公证机构办理。AB项正确。根据《民法典》第1142条规定，遗嘱人可以撤回、变更自己所立的遗嘱。立遗嘱后，遗嘱人实施与遗嘱内容相反的民事法律行为的，视为对遗嘱相关内容的撤回。立有数份遗嘱，内容相抵触的，以最后的遗嘱为准。据此，CD项错误。

55. ABC，解析：根据《民法典》第1143条规定，无民事行为能力人或者限制民事行为能力人所立的遗嘱无效。遗嘱必须表示遗嘱人的真实意思，受欺诈、胁迫所立的遗嘱无效。伪造的遗嘱无效。遗嘱被篡改的，篡改的内容无效。据此，D 项遗嘱被篡改的，遗嘱本身并非无效，只是其中被篡改的内容无效，未被篡改的部分如无其他遗嘱无效情形，仍然有效。ABC 项正确。

56. ABCD，解析：根据《民法典》第 1145 条规定，继承开始后，遗嘱执行人为遗产管理人；没有遗嘱执行人的，继承人应当及时推选遗产管理人；继承人未推选的，由继承人共同担任遗产管理人；没有继承人或者继承人均放弃继承的，由被继承人生前住所地的民政部门或者村民委员会担任遗产管理人。

57. ACD，解析：根据《民法典》第 1157 条规定，夫妻一方死亡后另一方再婚的，有权处分所继承的财产，任何组织或者个人不得干涉。据此，ACD 项正确，B 项错误。

58. BD，解析：根据《民法典》第 1183 条规定，侵害自然人人身权益造成严重精神损害的，被侵权人有权请求精神损害赔偿。因故意或者重大过失侵害自然人具有人身意义的特定物造成严重精神损害的，被侵权人有权请求精神损害赔偿。故 BD 项当选。

59. BD，解析：根据《民法典》第 1199 条规定，无民事行为能力人在幼儿园、学校或者其他教育机构学习、生活期间受到人身损害的，幼儿园、学校或者其他教育机构应当承担侵权责任；但是，能够证明尽到教育、管理职责的，不承担侵权责任。故 BD 项表述错误。

60. ABC，解析：根据《民法典》第 1247 条规定，禁止饲养的烈性犬等危险动物造成他人损害的，动物饲养人或者管理人应当承担侵权责任。故 ABC 项表述错误。

（四）填空题

1. 法律；公序良俗。（《民法典》第 8 条）

2. 遗产继承；接受赠与；自始不存在。（《民法典》第 16 条）

3. 辨认；法定代理人。（《民法典》第 21 条）

4. 本人；利害关系人；智力；精神健康。（《民法典》第 24 条）

5. 不履行；侵害。（《民法典》第 34 条）

6. 取得；恢复。（《民法典》第 39 条）

7. 故意；重大过失。（《民法典》第 43 条）

8. 返还财产；适当补偿。（《民法典》第 53 条）

9. 合同；无因管理；为或者不为。（《民法典》第 118 条）

10. 恶意串通。（《民法典》第 154 条）

11. 届至；届满。（《民法典》第 160 条）

12. 履行债务；赔偿；不得。（《民法典》第 171 条）

13. 紧急救助。（《民法典》第 184 条）

14. 社会公共利益。（《民法典》第 185 条）

15. 专有部分面积所占比例。（《民法典》第 283 条）

16. 必要的便利；合理分配。（《民法典》第 290 条）

17. 约定；没有约定或者约定不明确的。（《民法典》第 300 条）

18. 占有；使用；收益。（《民法典》第 323 条）

19. 出租；入股；抵押。（《民法典》第 342 条）

20. 使用；赔偿责任。（《民法典》第 431 条）

21. 丧失占有；另行提供担保。（《民法典》第 457 条）

22. 两种；相关条款；性质；诚信。（《民法典》第 466 条）

23. 要约；承诺。（《民法典》第 471 条）

24. 签名；盖章。（《民法典》第 493 条）

25. 善意第三人；第三人。（《民法典》第 545 条）

26. 自然灾害；赔偿责任。（《民法典》第 653 条）

27. 1 年。（《民法典》第 663 条）

28. 随时；催告。（《民法典》第 675 条）

29. 法律规定。（《民法典》第 993 条）

30. 生命权；健康权；法定救助。（《民法典》1005 条）

31. 丑化；伪造；制作；公开。（《民法典》第 1019 条）

32. 异议；更正；及时。（《民法典》第 1029 条）

33. 平等；文明。(《民法典》第 1043 条)

34. 子女；近亲属。(《民法典》第 1045 条)

35. 完全自愿；干涉。(《民法典》第 1046 条)

36. 自由；干涉。(《民法典》第 1057 条)

37. 平等；共同。(《民法典》第 1058 条)

38. 家庭日常生活。(《民法典》第 1060 条)

39. 事后追认；个人名义。(《民法典》第 1064 条)

40. 民事责任。(《民法典》第 1068 条)

41. 虐待；抚养教育。(《民法典》第 1072 条)

42. 子女抚养。(《民法典》第 1076 条)

43. 调解；离婚诉讼。(《民法典》第 1079 条)

44. 自愿。(《民法典》第 1083 条)

45. 老年人；协助。(《民法典》第 1088 条)

46. 挥霍；伪造；再次。(《民法典》第 1092 条)

47. 丧失；特殊困难。(《民法典》第 1093 条)

48. 优先。(《民法典》第 1108 条)

49. 虐待；解除。(《民法典》第 1114 条)

50. 配偶；子女；父母。(《民法典》第 1127 条)

51. 适当。(《民法典》第 1131 条)

52. 遗嘱人；代书人。(《民法典》第 1135 条)

53. 姓名；肖像。(《民法典》第 1137 条)

54. 税款。(《民法典》第 1161 条)

55. 法定继承人；比例。(《民法典》第 1163 条)

56. 有无。(《民法典》第 1166 条)

57. 近亲属；承继权利。(《民法典》第 1181 条)

58. 知道或者应当知道；必要；连带。(《民法典》第 1197 条)

59. 无偿；应当；故意或者重大过失。(《民法典》第 1217 条)

60. 社会公德；他人生活。(《民法典》第 1251 条)

（五）简答题

1. 答：根据《民法典》第4条至第9条规定，我国民法的基本原则有：平等原则、自愿原则、公平原则、诚信原则、守法与公序良俗原则和绿色原则。

   （1）平等原则，是指民事主体在民事活动中的法律地位一律平等。

   （2）自愿原则，是指民事主体从事民事活动，应当遵循自愿原则，按照自己的意思设立、变更、终止民事法律关系。

   （3）公平原则，是指民事主体从事民事活动，应当遵循公平原则，合理确定各方的权利和义务。

   （4）诚信原则，是指民事主体从事民事活动，应当遵循诚信原则，秉持诚实，恪守承诺。

   （5）守法与公序良俗原则，是指民事主体从事民事活动，不得违反法律，不得违背公序良俗。

   （6）绿色原则，是指民事主体从事民事活动，应当有利于节约资源、保护生态环境。

2. 答：根据《民法典》第36条第1款规定，监护人有下列情形之一的，人民法院根据有关个人或者组织的申请，撤销其监护人资格，安排必要的临时监护措施，并按照最有利于被监护人的原则依法指定监护人：（1）实施严重损害被监护人身心健康的行为；（2）怠于履行监护职责，或者无法履行监护职责且拒绝将监护职责部分或者全部委托给他人，导致被监护人处于危困状态；（3）实施严重侵害被监护人合法权益的其他行为。

3. 答：根据《民法典》第39条第1款规定，有下列情形之一的，监护关系终止：（1）被监护人取得或者恢复完全民事行为能力；（2）监护人丧失监护能力；（3）被监护人或者监护人死亡；（4）人民法院认定监护关系终止的其他情形。

4. 答：根据《民法典》第46条规定，自然人有下列情形之一的，利害关系人可以向人民法院申请宣告该自然人死亡：（1）下落不明满 4 年；（2）因意外事件，下落不明满 2 年。因意外事件下落不明，经有关机关证明该自然人不可能生存的，申请宣告死亡不受 2 年时间的限制。

5. 答：根据《民法典》第 123 条第 2 款规定，知识产权是权利人依法就下列客体享有的专有的权利：（1）作品；（2）发明、实用新型、外观设计；（3）商标；（4）地理标志；（5）商业秘密；（6）集成电路布图设计；（7）植物新品种；（8）法律规定的其他客体。

6. 答：根据《民法典》第 173 条规定，有下列情形之一的，委托代理终止：（1）代理期间届满或者代理事务完成；（2）被代理人取消委托或者代理人辞去委托；（3）代理人丧失民事行为能力；（4）代理人或者被代理人死亡；（5）作为代理人或者被代理人的法人、非法人组织终止。

7. 答：根据《民法典》第 179 条第 1 款规定，承担民事责任的方式主要有：（1）停止侵害；（2）排除妨碍；（3）消除危险；（4）返还财产；（5）恢复原状；（6）修理、重作、更换；（7）继续履行；（8）赔偿损失；（9）支付违约金；（10）消除影响、恢复名誉；（11）赔礼道歉。

8. 答：根据《民法典》第 724 条规定，有下列情形之一，非因承租人原因致使租赁物无法使用的，承租人可以解除合同：（1）租赁物被司法机关或者行政机关依法查封、扣押；（2）租赁物权属有争议；（3）租赁物具有违反法律、行政法规关于使用条件的强制性规定情形。

9. 答：根据《民法典》第 1020 条规定，合理实施下列行为的，可以不经肖像权人同意：（1）为个人学习、艺术欣赏、课堂教学或者科学研究，在必要范围内使用肖像权人已经公开的肖像；（2）为实施新闻报道，不可避免地制作、使用、公开肖像权人的肖像；（3）为依法履行职责，国家机关在必要范围内制作、使用、公开肖像权人的肖像；（4）为展示特定公共环境，不可避免地制作、使用、公开肖像权人的肖像；（5）为维护公共利益或者肖像权人合法权益，制作、使用、公开肖像权人的肖像的其他行为。

10. 答：根据《民法典》第 1033 条规定，除法律另有规定或者权利人明确同意外，任何组织或者个人不得实施下列行为：（1）以电话、短信、即时通讯工具、电子邮件、传单等方式侵扰他人的私人生活安宁；（2）进入、拍摄、窥视他人的住宅、宾馆房间等私密空间；（3）拍摄、窥视、窃听、公开他人的私密活动；（4）拍摄、窥视他人身体的私密部位；（5）处理他人的私密信息；（6）以其他方式侵害他人的隐私权。

11. 答：根据《民法典》第 1062 条第 1 款规定，夫妻在婚姻关系存续期间所得的下列财产，为夫妻的共同财产，归夫妻共同所有：（1）工资、奖金、劳务报酬；（2）生产、经营、投资的收益；（3）知识产权的收益；（4）继承或者受赠的财产，但是本法第 1063 条第 3 项规定（遗嘱或者赠与合同中确定只归一方的财产）的除外；（5）其他应当归共同所有的财产。

12. 答：根据《民法典》第 1091 条规定，有下列情形之一，导致离婚的，无过错方有权请求损害赔偿：（1）重婚；（2）与他人同居；（3）实施家庭暴力；（4）虐待、遗弃家庭成员；（5）有其他重大过错。

13. 答：根据《民法典》第 1098 条规定，收养人应当同时具备下列条件：（1）无子女或者只有 1 名子女；（2）有抚养、教育和保护被收养人的能力；（3）未患有在医学上认为不应当收养子女的疾病；（4）无不利于被收养人健康成长的违法犯罪记录；（5）年满 30 周岁。

14. 答：根据《民法典》第 1235 条规定，违反国家规定造成生态环境损害的，国家规定的机关或者法律规定的组织有权请求侵权人赔偿下列损失和费用：（1）生态环境受到损害至修复完成期间服务功能丧失导致的损失；（2）生态环境功能永久性损害造成的损失；（3）生态环境损害调查、鉴定评估等费用；（4）清除污染、修复生态环境费用；（5）防止损害的发生和扩大所支出的合理费用。

15. 答：根据《民法典》第1252条规定，建筑物、构筑物或者其他设施倒塌、塌陷造成他人损害的，由建设单位与施工单位承担连带责任，但是建设单位与施工单位能够证明不存在质量缺陷的除外。建设单位、施工单位赔偿后，有其他责任人的，有权向其他责任人追偿。因所有人、管理人、使用人或者第三人的原因，建筑物、构筑物或者其他设施倒塌、塌陷造成他人损害的，由所有人、管理人、使用人或者第三人承担侵权责任。

二、反家庭暴力法

（一） 判断题

1. 家庭暴力，是指家庭成员之间以殴打、捆绑、残害、限制人身自由以及经常性谩骂、恐吓等方式实施的身体、精神等侵害行为。（　　）

2. 反家庭暴力工作应当尊重受害人真实意愿，但无需保护当事人隐私。（　　）

3. 人民调解组织应当依法调解家庭纠纷，预防和减少家庭暴力的发生。（　　）

4. 用人单位发现本单位人员有家庭暴力情况的，应当给予批评教育，并做好家庭矛盾的调解、化解工作。（　　）

5. 居民委员会应当对收到告诫书的加害人、受害人进行查访，监督加害人不再实施家庭暴力。（　　）

6. 人民法院依法作出人身安全保护令的，复议期间停止人身安全保护令的执行。（　　）

7. 家庭成员以外共同生活的人之间实施的暴力行为，参照《反家庭暴力法》规定执行。（　　）

（二） 单项选择题

1. 关于家庭暴力，下列说法错误的是：（　　）

　　A. 反家庭暴力是国家、社会和每个家庭的共同责任

B. 国家禁止任何形式的家庭暴力

C. 各级人民政府应当对反家庭暴力工作给予必要的经费保障

D. 反家庭暴力工作遵循教育为主原则

2. 公安机关出具的告诫书的内容不包括：（　　　）

A. 受害人的身份信息

B. 加害人的身份信息

C. 家庭暴力的事实陈述

D. 禁止加害人实施家庭暴力

3. 人民法院应当依法对家庭暴力受害人（　　　）诉讼费用。

A. 免收

B. 减收

C. 缓收、减收或者免收

D. 减收或缓收

4. 关于人身安全保护令，下列说法错误的是：（　　　）

A. 人身安全保护令案件只能由申请人或者被申请人居住地的基层人民法院管辖

B. 申请人身安全保护令应当以书面方式提出

C. 人身安全保护令案件由申请人或者被申请人居住地、家庭暴力发生地的基层人民法院管辖

D. 书面申请确有困难的，可以口头申请，由人民法院记入笔录

5. 人身安全保护令由人民法院以（　　　）形式作出。

A. 判决　　　　　　　　　B. 裁定

C. 命令　　　　　　　　　D. 指示

6. 人民法院受理人身保护令申请后，应当在___小时内作出人身安全保护令或者驳回申请；情况紧急的，应当在___小时内作出。关于横线处填写的内容，下列说法正确的是：（   ）

   A. 48；24   B. 72；12

   C. 72；24   D. 24；12

7. 人身安全保护令的有效期不超过（   ）个月，自作出之日起生效。

   A. 8   B. 3

   C. 2   D. 6

8. 申请人对驳回申请不服或者被申请人对人身安全保护令不服的，可以自裁定生效之日起（   ）日内向作出裁定的人民法院申请复议一次。

   A. 10   B. 5

   C. 7   D. 15

（三）多项选择题

1. 下列哪些人员遭受家庭暴力时应当给予特殊保护？（   ）

   A. 未成年人、老年人   B. 残疾人

   C. 孕期和哺乳期的妇女   D. 重病患者

2. 关于家庭暴力的预防，下列说法正确的有：（   ）

   A. 广播、电视、报刊、网络等应当开展家庭美德和反家庭暴力宣传

   B. 学校、幼儿园应当开展家庭美德和反家庭暴力教育

   C. 医疗机构应当做好家庭暴力受害人的诊疗记录

D. 街道办事处应当组织开展家庭暴力预防工作，居民委员会应当予以配合协助

3. 关于家庭暴力的处置，下列说法正确的有：（　　　）

A. 有关单位接到家庭暴力投诉、反映或者求助后，应当给予帮助、处理

B. 家庭暴力受害人及其法定代理人、近亲属也可以向公安机关报案或者依法向人民法院起诉

C. 单位、个人发现正在发生的家庭暴力行为，有权及时劝阻

D. 居民委员会、社会工作服务机构及其工作人员在工作中发现无民事行为能力人、限制民事行为能力人遭受或者疑似遭受家庭暴力的，应当及时向公安机关报案

4. 当事人是无民事行为能力人、限制民事行为能力人，或者因受到强制、威吓等原因无法申请人身安全保护令的，下列哪些人员或组织可以代为申请？（　　　）

A. 近亲属

B. 公安机关、妇女联合会

C. 居民委员会

D. 村民委员会、救助管理机构

5. 人身安全保护令失效前，人民法院可以根据申请人的申请（　　　）。

A. 中断　　　　　　　　　　B. 撤销

C. 变更　　　　　　　　　　D. 延长

6. 当被申请人违反人身安全保护令时，下列哪些说法是正确的？（　　　）

A. 构成犯罪的，依法追究刑事责任

  B. 尚不构成犯罪的，人民法院应当给予训诫，可以根据情节轻重处以 15 日以下拘留

  C. 尚不构成犯罪的，人民法院应当给予训诫，可以根据情节轻重处以 500 元以下罚款

  D. 尚不构成犯罪的，人民法院应当给予训诫，可以根据情节轻重处以 1000 元以下罚款

（四）填空题

1. 家庭成员之间应当＿＿＿，＿＿＿，＿＿＿，履行家庭义务。

2. 反家庭暴力工作遵循＿＿＿为主，＿＿＿、＿＿＿与＿＿＿相结合原则。

3. 人民调解组织应当依法调解家庭纠纷，＿＿＿和＿＿＿家庭暴力的发生。

4. 无民事行为能力人、限制民事行为能力人因家庭暴力身体受到严重伤害、面临人身安全威胁或者处于无人照料等危险状态的，公安机关应当通知并协助民政部门将其安置到＿＿＿、＿＿＿或者福利机构。

5. 人民法院审理涉及家庭暴力的案件，可以根据公安机关出警记录、＿＿＿、＿＿＿等证据，认定家庭暴力事实。

6. 当事人因遭受家庭暴力或者面临家庭暴力的现实危险，向人民法院申请＿＿＿的，人民法院应当受理。

（五）简答题

  简述作出人身安全保护令的条件及人身安全保护令可以包括的措施。

参考答案

（一）判断题

1. √，解析：根据《反家庭暴力法》第 2 条规定。

2. ×，解析：根据《反家庭暴力法》第 5 条第 2 款规定，反家庭暴力工作应当尊重受害人真实意愿，保护当事人隐私。

3. √，解析：根据《反家庭暴力法》第 10 条规定。

4. √，解析：根据《反家庭暴力法》第 11 条规定。

5. √，解析：根据《反家庭暴力法》第 17 条规定。

6. ×，解析：根据《反家庭暴力法》第 31 条规定，人民法院依法作出人身安全保护令的，复议期间不停止人身安全保护令的执行。

7. √，解析：根据《反家庭暴力法》第 37 条规定。

（二）单项选择题

1. D，解析：根据《反家庭暴力法》第 3 条第 2、3 款规定，反家庭暴力是国家、社会和每个家庭的共同责任。国家禁止任何形式的家庭暴力。根据《反家庭暴力法》第 4 条第 3 款规定，各级人民政府应当对反家庭暴力工作给予必要的经费保障。根据《反家庭暴力法》第 5 条规定，反家庭暴力工作遵循预防为主，教育、矫治与惩处相结合原则。

2. A，解析：根据《反家庭暴力法》第 16 条第 2 款规定，告诫书应当包括加害人的身份信息、家庭暴力的事实陈述、禁止加害人实施家庭暴力等内容。

3. C，解析：根据《反家庭暴力法》第 19 条第 2 款规定，人民法院应当依法对家庭暴力受害人缓收、减收或者免收诉讼费用。

4. A，解析：根据《反家庭暴力法》第 24 条规定，申请人身安全保护令应当以书面方式提出；书面申请确有困难的，可以口头申请，由人民法院记入笔录。根据《反家庭暴力法》第 25 条规定，人身安全保护令案件由申请人或者被申请人居住地、家庭暴力发生地的基层人民法院管辖。

5. B，解析：根据《反家庭暴力法》第 26 条规定，人身安全保护令由人民法院以裁定形式作出。

6. C，解析：根据《反家庭暴力法》第 28 条规定，人民法院受理申请后，应当在 72 小时内作出人身安全保护令或者驳回申请；情况紧急的，应当在 24 小时内作出。

7. D，解析：根据《反家庭暴力法》第 30 条规定，人身安全保护令的有效期不超过 6 个月，自作出之日起生效。

8. B，解析：根据《反家庭暴力法》第 31 条规定，申请人对驳回申请不服或者被申请人对人身安全保护令不服的，可以自裁定生效之日起 5 日内向作出裁定的人民法院申请复议一次。人民法院依法作出人身安全保护令的，复议期间不停止人身安全保护令的执行。

（三）多项选择题

1. ABCD，解析：根据《反家庭暴力法》第 5 条第 3 款规定，未成年人、老年人、残疾人、孕期和哺乳期的妇女、重病患者遭受家庭暴力的，应当给予特殊保护。

2. ABCD，解析：根据《反家庭暴力法》第 6 条第 3、4 款规定，广播、电视、报刊、网络等应当开展家庭美德和反家庭暴力宣传。学校、幼儿园应当开展家庭美德和反家庭暴力教育。根据《反家庭暴力法》第 7 条第 2 款规定，医疗机构应当做好家庭暴力受害人的诊疗记录。根据《反家庭暴力法》第 8 条规定，乡镇人民政府、街道办事处应当组织开展家庭暴力预防工作，居民委员会、村民委员会、社会工作服务机构应当予以配合协助。

3. ABCD，解析：根据《反家庭暴力法》第 13 条规定，家庭暴力受害人及其法定代理人、近亲属可以向加害人或者受害人所在单位、居民委员会、村民委员会、妇女联合会等单位投诉、反映或者求助。有关单位接到家庭暴力投诉、反映或者求助后，应当给予帮助、处理。家庭暴力受害人及其法定代理人、近亲属也可以向公安机关报案或者依法向人民法院起诉。单位、个人发现正在发生的家庭暴力行为，有权及时劝阻。根据《反家庭暴力法》第14条规定，学校、幼儿园、医疗机构、居民委员会、村民委员会、社会工作服务机构、救助管理机构、福利机构及其工作人员在工作中发现无民事行为能力人、限制民事行为能力人遭受或者疑似遭受家庭暴力的，应当及时向公安机关报案。公安机关应当对报案人的信息予以保密。

4. ABCD，解析：根据《反家庭暴力法》第23条第2款规定，当事人是无民事行为能力人、限制民事行为能力人，或者因受到强制、威吓等原因无法申请人身安全保护令的，其近亲属、公安机关、妇女联合会、居民委员会、村民委员会、救助管理机构可以代为申请。

5. BCD，解析：根据《反家庭暴力法》第30条规定，人身安全保护令的有效期不超过6个月，自作出之日起生效。人身安全保护令失效前，人民法院可以根据申请人的申请撤销、变更或者延长。

6. ABD，解析：根据《反家庭暴力法》第34条规定，被申请人违反人身安全保护令，构成犯罪的，依法追究刑事责任；尚不构成犯罪的，人民法院应当给予训诫，可以根据情节轻重处以1000元以下罚款、15日以下拘留。

（四）填空题

1. 互相帮助；互相关爱；和睦相处。（《反家庭暴力法》第3条）

2. 预防；教育；矫治；惩处。（《反家庭暴力法》第5条）

3. 预防；减少。（《反家庭暴力法》第10条）

4. 临时庇护场所；救助管理机构。（《反家庭暴力法》第15条）

5. 告诫书；伤情鉴定意见。（《反家庭暴力法》第20条）

6. 人身安全保护令。(《反家庭暴力法》第 23 条)

(五) 简答题

答：根据《反家庭暴力法》第 27 条规定，作出人身安全保护令，应当具备下列条件：（1）有明确的被申请人；（2）有具体的请求；（3）有遭受家庭暴力或者面临家庭暴力现实危险的情形。

根据《反家庭暴力法》第 29 条规定，人身安全保护令可以包括下列措施：（1）禁止被申请人实施家庭暴力；（2）禁止被申请人骚扰、跟踪、接触申请人及其相关近亲属；（3）责令被申请人迁出申请人住所；（4）保护申请人人身安全的其他措施。

三、婚姻登记条例

（一）判断题

1. 为了规范婚姻登记工作，保障婚姻自由、一夫一妻、男女平等的婚姻制度的实施，保护婚姻当事人的合法权益，根据《中华人民共和国民法典》，制定《婚姻登记条例》。（　　）

2. 婚姻登记机关办理婚姻登记，不得收取任何费用或者附加其他义务。（　　）

3. 中国公民同外国人在中国内地自愿离婚的，内地居民同香港居民、澳门居民、台湾居民、华侨在中国内地自愿离婚的，男女双方应当共同到内地居民经常居住地的婚姻登记机关办理离婚登记。（　　）

4. 婚姻登记机关应当对离婚登记当事人出具的证件、证明材料进行审查并询问相关情况。对当事人确属自愿离婚，但未对子女抚养、财产、债务等问题达成一致处理意见的，也可以当场予以登记，发给离婚证。（　　）

5. 婚姻登记机关收到人民法院宣告婚姻无效或者撤销婚姻的判决书副本后，应当将该判决书副本收入当事人的婚姻登记档案。（　　）

6. 当事人办理婚姻登记或者补领结婚证、离婚证应当交纳工本费。工本费的收费标准由国务院民政部门会同国务院财政部

门规定并公布。（　　　）

（二）单项选择题

1. 下列关于结婚登记的说法错误的有：（　　　）

   A. 中国公民同外国人在中国内地结婚的，男女双方应当共同到内地居民常住户口所在地的婚姻登记机关办理结婚登记

   B. 婚姻登记机关应当对结婚登记当事人出具的证件、证明材料进行审查并询问相关情况

   C. 对当事人符合结婚条件的，应当当场予以登记，发给结婚证；对当事人不符合结婚条件不予登记的，应当向当事人说明理由

   D. 男女双方补办结婚登记的，不适用《婚姻登记条例》结婚登记的规定

2. 内地居民自愿离婚的，男女双方应当共同到一方当事人（　　　）常住户口所在地的婚姻登记机关办理离婚登记。

   A. 工作地　　　　　　　　B. 经常居住地

   C. 出生地　　　　　　　　D. 常住户口所在地

3. 当事人办理离婚登记的，婚姻登记机关不予受理的情形不包括：（　　　）

   A. 未达成离婚协议的

   B. 当事人未带有效证件的

   C. 其结婚登记不是在中国内地办理的

   D. 属于无民事行为能力人或者限制民事行为能力人的

4. 婚姻登记机关及其婚姻登记员的下列行为，不会导致对直接

负责的主管人员和其他直接责任人员依法给予行政处分的有：（　　）

A. 补发离婚证收取费用的

B. 补发结婚证超过收费标准收取费用的

C. 玩忽职守造成婚姻登记档案损失的

D. 为不符合婚姻登记条件的当事人办理婚姻登记的

（三）多项选择题

1. 中国公民同外国人办理婚姻登记的机关是（　　）。

A. 县级人民政府民政部门

B. 省、自治区、直辖市人民政府民政部门

C. 省、自治区、直辖市人民政府民政部门确定的机关

D. 国务院民政部门确定的机关

2. 办理结婚登记的当事人（　　），婚姻登记机关不予登记。

A. 未到法定结婚年龄的

B. 非双方自愿的

C. 一方或者双方已有配偶的

D. 属于直系血亲或者三代以内旁系血亲的

（四）填空题

1. 内地居民办理婚姻登记的机关是县级人民政府____部门或者乡（镇）人民政府，省、自治区、直辖市人民政府可以按照____原则确定农村居民办理婚姻登记的具体机关。

2. 内地居民结婚，男女双方应当共同到一方当事人____的婚姻登记机关办理结婚登记。

3. 离婚的男女双方自愿恢复夫妻关系的，应当到____办理复婚登记。复婚登记适用《婚姻登记条例》结婚登记的规定。

4. 婚姻登记机关应当建立婚姻登记档案。婚姻登记档案应当____保管。具体管理办法由国务院____部门会同国家档案管理部门规定。

5. 结婚证、离婚证遗失或者损毁的，当事人可以持____、身份证向原办理婚姻登记的机关或者一方当事人____的婚姻登记机关申请补领。

（五）简答题

1. 简述在内地办理结婚登记的，双方应当出具的证件和证明材料。

2. 简述在内地办理离婚登记的，双方应当出具的证件和证明材料。

参考答案

（一）判断题

1. √，解析：根据《婚姻登记条例》第1条规定。

2. ×，解析：根据《婚姻登记条例》第3条第2款规定，婚姻登记机关办理婚姻登记，除按收费标准向当事人收取工本费外，不得收取其他费用或者附加其他义务。

3. ×，解析：根据《婚姻登记条例》第10条第2款规定，中国公民同外国人在中国内地自愿离婚的，内地居民同香港居民、澳门居民、台湾居民、华侨在中国内地自愿离婚的，男女双方应当共同到内地居民常住户口所在地的婚姻登记机关办理离婚登记。

4. ×，解析：根据《婚姻登记条例》第 13 条规定，婚姻登记机关应当对离婚登记当事人出具的证件、证明材料进行审查并询问相关情况。对当事人确属自愿离婚，并已对子女抚养、财产、债务等问题达成一致处理意见的，应当当场予以登记，发给离婚证。

5. √，解析：根据《婚姻登记条例》第 16 条规定。

6. ×，解析：根据《婚姻登记条例》第 21 条规定，当事人办理婚姻登记或者补领结婚证、离婚证应当交纳工本费。工本费的收费标准由国务院价格主管部门会同国务院财政部门规定并公布。

（二）单项选择题

1. D，解析：根据《婚姻登记条例》第 4 条第 2 款规定，中国公民同外国人在中国内地结婚的，内地居民同香港居民、澳门居民、台湾居民、华侨在中国内地结婚的，男女双方应当共同到内地居民常住户口所在地的婚姻登记机关办理结婚登记。根据《婚姻登记条例》第 7 条规定，婚姻登记机关应当对结婚登记当事人出具的证件、证明材料进行审查并询问相关情况。对当事人符合结婚条件的，应当当场予以登记，发给结婚证；对当事人不符合结婚条件不予登记的，应当向当事人说明理由。根据《婚姻登记条例》第 8 条规定，男女双方补办结婚登记的，适用本条例结婚登记的规定。

2. D，解析：根据《婚姻登记条例》第 10 条第 1 款规定，内地居民自愿离婚的，男女双方应当共同到一方当事人常住户口所在地的婚姻登记机关办理离婚登记。

3. B，解析：根据《婚姻登记条例》第 12 条规定，办理离婚登记的当事人有下列情形之一的，婚姻登记机关不予受理：（1）未达成离婚协议的；（2）属于无民事行为能力人或者限制民事行为能力人的；（3）其结婚登记不是在中国内地办理的。

4. A，解析：根据《婚姻登记条例》第 18 条规定，婚姻登记机关及其婚姻登记员有下列行为之一的，对直接负责的主管人员和其他直接责任人员依法给予行政处分：（1）为不符合婚姻登记条件的当事人办理婚姻登记的；（2）玩忽职守造成婚姻登记档案损失的；（3）办理婚姻登记或者补发结婚证、离婚证超过收费标准收取费用的。违反前述第3项规定收取的费用，应当退还当事人。

（三）多项选择题

1. BC，解析：根据《婚姻登记条例》第2条第2款规定，中国公民同外国人，内地居民同香港特别行政区居民（以下简称香港居民）、澳门特别行政区居民（以下简称澳门居民）、台湾地区居民（以下简称台湾居民）、华侨办理婚姻登记的机关是省、自治区、直辖市人民政府民政部门或者省、自治区、直辖市人民政府民政部门确定的机关。

2. ABCD，解析：根据《婚姻登记条例》第6条规定，办理结婚登记的当事人有下列情形之一的，婚姻登记机关不予登记：（1）未到法定结婚年龄的；（2）非双方自愿的；（3）一方或者双方已有配偶的；（4）属于直系血亲或者三代以内旁系血亲的。

（四）填空题

1. 民政；便民。（《婚姻登记条例》第2条）

2. 常住户口所在地。（《婚姻登记条例》第4条）

3. 婚姻登记机关。（《婚姻登记条例》第14条）

4. 长期；民政。（《婚姻登记条例》第15条）

5. 户口簿；常住户口所在地。（《婚姻登记条例》第17条）

（五）简答题

1. 答：根据《婚姻登记条例》第5条规定，办理结婚登记的内地居民应当出具下列证件和证明材料：（1）本人的户口簿、身份证；（2）本人无配偶以及与对方当事人没有直系血亲和三代以内旁系血亲关系的签字声明。

办理结婚登记的香港居民、澳门居民、台湾居民应当出具下列证件和证明材料：（1）本人的有效通行证、身份证；（2）经居住地公证机构公证的本人无配偶以及与对方当事人没有直系血亲和三代以内旁系血亲关系的声明。

办理结婚登记的华侨应当出具下列证件和证明材料：（1）本人的有效护照；（2）居住国公证机构或者有权机关出具的、经中华人民共和国驻该国使（领）馆认证的本人无配偶以及与对方当事人没有直系血亲和三代以内旁系血亲关系的证明，或者中华人民共和国驻该国使（领）馆出具的本人无配偶以及与对方当事人没有直系血亲和三代以内旁系血亲关系的证明。中华人民共和国缔结或者参加的国际条约另有规定的，按照国际条约规定的证明手续办理。

办理结婚登记的外国人应当出具下列证件和证明材料：（1）本人的有效护照或者其他有效的国际旅行证件；（2）所在国公证机构或者有权机关出具的、经中华人民共和国驻该国使（领）馆认证或者该国驻华使（领）馆认证的本人无配偶的证明，或者所在国驻华使（领）馆出具的本人无配偶的证明。中华人民共和国缔结或者参加的国际条约另有规定的，按照国际条约规定的证明手续办理。

2. 答：根据《婚姻登记条例》第 11 条规定，办理离婚登记的内地居民应当出具下列证件和证明材料：（1）本人的户口簿、身份证；（2）本人的结婚证；（3）双方当事人共同签署的离婚协议书。办理离婚登记的香港居民、澳门居民、台湾居民、华侨、外国人除应当出具前述第 2 项、第 3 项规定的证件、证明材料外，香港居民、澳门居民、台湾居民还应当出具本人的有效通行证、身份证，华侨、外国人还应当出具本人的有效护照或者其他有效国际旅行证件。离婚协议书应当载明双方当事人自愿离婚的意思表示以及对子女抚养、财产及债务处理等事项协商一致的意见。

四、最高人民法院关于适用
《中华人民共和国民法典》
婚姻家庭编的解释（一）

（一）判断题

1. 持续性、经常性的家庭暴力，可以认定为《民法典》第 1042 条、第 1079 条、第 1091 条所称的"虐待"。（　　）

2. 人民法院根据当事人的请求，依法确认婚姻无效或者撤销婚姻的，应当收缴双方的结婚证书并将生效的判决书寄送当事人经常居住地的婚姻登记管理机关。（　　）

3. 军人的伤亡保险金、伤残补助金、医药生活补助费属于个人财产。（　　）

4. 父或者母向人民法院起诉请求否认亲子关系，并已提供必要证据予以证明，另一方没有相反证据又拒绝做亲子鉴定的，人民法院可以认定否认亲子关系一方的主张成立。（　　）

5. 父母不得因子女变更姓氏而拒付子女抚养费。父或者母擅自将子女姓氏改为继母或继父姓氏而引起纠纷的，应当责令恢复原姓氏。（　　）

6. 离婚时双方对尚未取得所有权或者尚未取得完全所有权的房屋有争议且协商不成的，人民法院不宜判决房屋所有权的归属，应当根据实际情况判决由实际占有人使用。（　　）

7. 离婚后，一方以尚有夫妻共同财产未处理为由向人民法院起诉请求分割的，经审查该财产确属离婚时未涉及的夫妻共同

财产，人民法院应当依法予以分割。（　　）

（二）单项选择题

1. 当事人提起诉讼仅请求（　　）的，人民法院不予受理；
已经受理的，裁定驳回起诉。

    A. 解除同居关系　　　　　B. 分割财产共同财产

    C. 解除婚姻关系　　　　　D. 子女抚养权

2. 人民法院审理重婚导致的无效婚姻案件时，涉及财产处理
的，应当准许合法婚姻当事人作为（　　）参加诉讼。

    A. 原告　　　　　　　　　B. 被告

    C. 第三人　　　　　　　　D. 有独立请求权的第三人

3. 下列关于夫妻共同财产的说法错误的是：（　　）

    A. 由一方婚前承租、婚后用共同财产购买的房屋，登记在
一方名下的，应当认定为夫妻共同财产

    B. 一方未经另一方同意出售夫妻共同所有的房屋，第三人
善意购买、支付合理对价并已办理不动产登记，另一方
主张追回该房屋的，人民法院不予支持

    C. 夫妻一方擅自处分共同所有的房屋造成另一方损失，离
婚时另一方请求赔偿损失的，人民法院应予支持

    D. 当事人结婚前，父母为双方购置房屋出资的，该出资一
律应当认定为对自己子女个人的赠与

4. 有固定收入的，抚养费一般可以按其月总收入的（　　）
的比例给付。负担 2 个以上子女抚养费的，比例可以适当提
高，但一般不得超过月总收入的（　　）。

    A. 20%至30%；50%　　　B. 25%至35%；60%

    C. 20%至30%；60%　　　D. 25%至35%；50%

5. 夫妻双方分割共同财产中的股票、债券、投资基金份额等有价证券以及未上市股份有限公司股份时，协商不成或者按市价分配有困难的，人民法院可以根据数量（　　）。

  A. 平均分配　　　　　　　　B. 按比例分配

  C. 直接分配给男方　　　　　D. 直接分配给女方

（三）多项选择题

1. 《民法典》第 1042 条、第 1079 条、第 1091 条规定的"与他人同居"的情形，是指有配偶者与婚外异性，不以夫妻名义，（　　）地共同居住。

  A. 持续　　　　　　　　　　B. 间歇

  C. 稳定　　　　　　　　　　D. 偶尔

2. 行为人以给另一方当事人或者其近亲属的（　　）、财产等方面造成损害为要挟，迫使另一方当事人违背真实意愿结婚的，可以认定为《民法典》第 1052 条所称的"胁迫"。

  A. 生命　　　　　　　　　　B. 身体

  C. 健康　　　　　　　　　　D. 名誉

3. 《民法典》第 1052 条规定的"一年"，不适用诉讼时效（　　）的规定。

  A. 中止　　　　　　　　　　B. 中断

  C. 终止　　　　　　　　　　D. 延长

4. 婚姻关系存续期间，下列财产属于《民法典》第 1062 条规定的"其他应当归共同所有的财产"的是：（　　）

  A. 一方以个人财产投资取得的收益

  B. 男女双方实际取得或者应当取得的住房补贴、住房公积金

C. 男女双方实际取得或者应当取得的基本养老金

D. 男女双方实际取得或者应当取得的破产安置补偿费

5. 下列关于夫妻共同财产的说法正确的是：（   ）

    A. 《民法典》第 1063 条规定为夫妻一方的个人财产，可以因婚姻关系的延续而转化为夫妻共同财产

    B. 债权人就一方婚前所负个人债务向债务人的配偶主张权利的，人民法院不予支持。但债权人能够证明所负债务用于婚后家庭共同生活的除外

    C. 夫妻一方与第三人串通，虚构债务，第三人主张该债务为夫妻共同债务的，人民法院不予支持

    D. 夫妻一方在从事赌博、吸毒等违法犯罪活动中所负债务，第三人主张该债务为夫妻共同债务的，人民法院不予支持

6. 对已满 2 周岁的未成年子女，父母均要求直接抚养，一方有哪些情形的，可予优先考虑？（   ）

    A. 已做绝育手术或者因其他原因丧失生育能力

    B. 子女随其生活时间较长，改变生活环境对子女健康成长明显不利

    C. 无其他子女，而另一方有其他子女

    D. 子女随其生活，对子女成长有利，而另一方患有久治不愈的传染性疾病或者其他严重疾病，或者有其他不利于子女身心健康的情形，不宜与子女共同生活

7. 夫妻双方协议离婚后就财产分割问题反悔，请求撤销财产分割协议的，人民法院应当受理。人民法院审理后，未发现订立财产分割协议时存在（   ）等情形的，应当依法驳回当事人的诉讼请求。

    A. 不平等   B. 不真实

    C. 欺诈   D. 胁迫

(四) 填空题

1. 人民法院受理离婚案件后，经审理确属无效婚姻的，应当将婚姻无效的____告知当事人，并依法作出确认婚姻无效的____。

2. 夫妻一方个人财产在婚后产生的收益，除____和____外，应认定为夫妻共同财产。

3. 当事人的____或者人民法院生效判决、裁定、调解书已经对夫妻财产分割问题作出处理的，债权人仍____就夫妻共同债务向男女双方主张权利。

4. 当事人在履行生效判决、裁定或者调解书的过程中，一方请求中止探望的，人民法院在____双方当事人意见后，认为需要中止探望的，依法作出裁定；中止探望的情形消失后，人民法院应当根据当事人的请求____通知其恢复探望。

5. 人民法院审理离婚案件，涉及分割发放到军人名下的____、自主择业费等一次性费用的，以夫妻婚姻关系存续年限乘以____，所得数额为夫妻共同财产。

6. 夫妻之间订立借款协议，以夫妻共同财产出借给一方从事____或者用于____的，应____双方约定处分夫妻共同财产的行为，离婚时可以按照借款协议的约定处理。

(五) 简答题

1. 简述人民法院支持当事人请求返还按照习俗给付的彩礼的情形。

2. 简述有权向人民法院就已办理结婚登记的婚姻请求确认婚姻无效的主体范围。

参考答案

（一）判断题

1. √，解析：根据《最高人民法院关于适用〈中华人民共和国民法典〉婚姻家庭编的解释（一）》（以下简称《民法典婚姻家庭编解释》）第 1 条规定。

2. ×，解析：根据《民法典婚姻家庭编解释》第 21 条规定，人民法院根据当事人的请求，依法确认婚姻无效或者撤销婚姻的，应当收缴双方的结婚证书并将生效的判决书寄送当地婚姻登记管理机关。

3. √，解析：根据《民法典婚姻家庭编解释》第 30 条规定。

4. √，解析：根据《民法典婚姻家庭编解释》第 39 条规定。

5. √，解析：根据《民法典婚姻家庭编解释》第 59 条规定。

6. ×，解析：根据《民法典婚姻家庭编解释》第 77 条规定，离婚时双方对尚未取得所有权或者尚未取得完全所有权的房屋有争议且协商不成的，人民法院不宜判决房屋所有权的归属，应当根据实际情况判决由当事人使用。当事人就前款规定的房屋取得完全所有权后，有争议的，可以另行向人民法院提起诉讼。

7. √，解析：根据《民法典婚姻家庭编解释》第 83 条规定。

（二）单项选择题

1. A，解析：根据《民法典婚姻家庭编解释》第 3 条规定，当事人提起诉讼仅请求解除同居关系的，人民法院不予受理；已经受理的，裁定驳回起诉。当事人因同居期间财产分割或者子女抚养纠纷提起诉讼的，人民法院应当受理。

2. D，解析：根据《民法典婚姻家庭编解释》第 16 条规定，人民法院审理重婚导致的无效婚姻案件时，涉及财产处理的，应当准许合法婚姻当事人作为有独立请求权的第三人参加诉讼。

3. D，解析：根据《民法典婚姻家庭编解释》第27条规定，由一方婚前承租、婚后用共同财产购买的房屋，登记在一方名下的，应当认定为夫妻共同财产。根据《民法典婚姻家庭编解释》第28条规定，一方未经另一方同意出售夫妻共同所有的房屋，第三人善意购买、支付合理对价并已办理不动产登记，另一方主张追回该房屋的，人民法院不予支持。夫妻一方擅自处分共同所有的房屋造成另一方损失，离婚时另一方请求赔偿损失的，人民法院应予支持。根据《民法典婚姻家庭编解释》第29条规定，当事人结婚前，父母为双方购置房屋出资的，该出资应当认定为对自己子女个人的赠与，但父母明确表示赠与双方的除外。当事人结婚后，父母为双方购置房屋出资的，依照约定处理；没有约定或者约定不明确的，按照《民法典》第1062条第1款第4项规定的原则处理。

4. A，解析：根据《民法典婚姻家庭编解释》第49条规定，抚养费的数额，可以根据子女的实际需要、父母双方的负担能力和当地的实际生活水平确定。有固定收入的，抚养费一般可以按其月总收入的20%至30%的比例给付。负担2个以上子女抚养费的，比例可以适当提高，但一般不得超过月总收入的50%。无固定收入的，抚养费的数额可以依据当年总收入或者同行业平均收入，参照上述比例确定。有特殊情况的，可以适当提高或者降低上述比例。

5. B，解析：根据《民法典婚姻家庭编解释》第72条规定，夫妻双方分割共同财产中的股票、债券、投资基金份额等有价证券以及未上市股份有限公司股份时，协商不成或者按市价分配有困难的，人民法院可以根据数量按比例分配。

（三）多项选择题

1. AC，解析：根据《民法典婚姻家庭编解释》第2条规定，《民法典》第1042条、第1079条、第1091条规定的"与他人同居"

的情形，是指有配偶者与婚外异性，不以夫妻名义，持续、稳定地共同居住。

2. ABCD，解析：根据《民法典婚姻家庭编解释》第 18 条规定，行为人以给另一方当事人或者其近亲属的生命、身体、健康、名誉、财产等方面造成损害为要挟，迫使另一方当事人违背真实意愿结婚的，可以认定为《民法典》第 1052 条所称的"胁迫"。因受胁迫而请求撤销婚姻的，只能是受胁迫一方的婚姻关系当事人本人。

3. ABD，解析：根据《民法典婚姻家庭编解释》第 19 条规定，《民法典》第 1052 条规定的"一年"，不适用诉讼时效中止、中断或者延长的规定。受胁迫或者被非法限制人身自由的当事人请求撤销婚姻的，不适用《民法典》第 152 条第 2 款的规定。

4. ABCD，解析：根据《民法典婚姻家庭编解释》第 25 条规定，婚姻关系存续期间，下列财产属于《民法典》第 1062 条规定的"其他应当归共同所有的财产"：（1）一方以个人财产投资取得的收益；（2）男女双方实际取得或者应当取得的住房补贴、住房公积金；（3）男女双方实际取得或者应当取得的基本养老金、破产安置补偿费。

5. BCD，解析：根据《民法典婚姻家庭编解释》第 31 条规定，《民法典》第 1063 条规定为夫妻一方的个人财产，不因婚姻关系的延续而转化为夫妻共同财产。但当事人另有约定的除外。根据《民法典婚姻家庭编解释》第 33 条规定，债权人就一方婚前所负个人债务向债务人的配偶主张权利的，人民法院不予支持。但债权人能够证明所负债务用于婚后家庭共同生活的除外。根据《民法典婚姻家庭编解释》第 34 条规定，夫妻一方与第三人串通，虚构债务，第三人主张该债务为夫妻共同债务的，人民法院不予支持。夫妻一方在从事赌博、吸毒等违法犯罪活动中所负债务，第三人主张该债务为夫妻共同债务的，人民法院不予支持。

6. ABCD，解析：根据《民法典婚姻家庭编解释》第 46 条规定，对已满 2 周岁的未成年子女，父母均要求直接抚养，一方有下列情形之一的，可予优先考虑：（1）已做绝育手术或者因其他原因丧失生育能力；（2）子女随其生活时间较长，改变生活环境对子女健康成长明显不利；（3）无其他子女，而另一方有其他子女；（4）子女随其生活，对子女成长有利，而另一方患有久治不愈的传染性疾病或者其他严重疾病，或者有其他不利于子女身心健康的情形，不宜与子女共同生活。

7. CD，解析：根据《民法典婚姻家庭编解释》第 70 条规定，夫妻双方协议离婚后就财产分割问题反悔，请求撤销财产分割协议的，人民法院应当受理。人民法院审理后，未发现订立财产分割协议时存在欺诈、胁迫等情形的，应当依法驳回当事人的诉讼请求。

（四）填空题

1. 情形；判决。（《民法典婚姻家庭编解释》第 12 条）

2. 孳息；自然增值。（《民法典婚姻家庭编解释》第 26 条）

3. 离婚协议；有权。（《民法典婚姻家庭编解释》第 35 条）

4. 征询；书面。（《民法典婚姻家庭编解释》第 66 条）

5. 复员费；年平均值。（《民法典婚姻家庭编解释》第 71 条）

6. 个人经营活动；其他个人事务；视为。（《民法典婚姻家庭编解释》第 82 条）

（五）简答题

1. 答：根据《民法典婚姻家庭编解释》第 5 条规定，当事人请求返还按照习俗给付的彩礼的，如果查明属于以下情形，人民法院应当予以支持：（1）双方未办理结婚登记手续；（2）双方办理结婚登记手续但确未共同生活；（3）婚前给付并导致给付人生活困难。适用前款第 2 项、第 3 项的规定，应当以双方离婚为条件。

2. 答：根据《民法典婚姻家庭编解释》第 9 条规定，有权依据《民法典》第 1051 条规定向人民法院就已办理结婚登记的婚姻请求确认婚姻无效的主体，包括婚姻当事人及利害关系人。其中，利害关系人包括：（1）以重婚为由的，为当事人的近亲属及基层组织；（2）以未到法定婚龄为由的，为未到法定婚龄者的近亲属；（3）以有禁止结婚的亲属关系为由的，为当事人的近亲属。

五、最高人民法院关于适用
《中华人民共和国民法典》
婚姻家庭编的解释（二）

（一）判断题

1. 夫妻登记离婚后，一方以双方意思表示虚假为由请求确认离婚无效的，人民法院不予支持。（　　）

2. 夫妻一方未经另一方同意，在网络直播平台用夫妻共同财产打赏，数额明显超出其家庭一般消费水平，严重损害夫妻共同财产利益的，可以认定为《民法典》第 1066 条和第 1092 条规定的"挥霍"。（　　）

3. 婚姻关系存续期间，夫妻购置房屋由一方父母部分出资或者双方父母出资，如果赠与合同明确约定相应出资只赠与自己子女一方的，按照约定处理；没有约定或者约定不明确的，离婚分割夫妻共同财产时，人民法院可以根据当事人诉讼请求，以出资来源及比例为基础，综合考虑共同生活及孕育共同子女情况、离婚过错、对家庭的贡献大小以及离婚时房屋市场价格等因素，判决房屋归其中一方所有，并由获得房屋一方对另一方予以合理补偿。（　　）

4. 夫妻以共同财产投资有限责任公司，并均登记为股东，双方对相应股权的归属没有约定或者约定不明确，离婚时，一方请求按照股东名册或者公司章程记载的各自出资额确定股权分割比例的，人民法院不予支持；对当事人分割夫妻共同财产的请求，人民法院依照《民法典》第 1087 条规定处理。（   ）

5. 离婚协议约定将部分或者全部夫妻共同财产给予子女，离婚后，一方在财产权利转移之前请求撤销该约定的，人民法院予以支持，但另一方不同意的除外。（   ）

（二）单项选择题

1. 离婚协议中关于一方直接抚养未成年子女或者（   ）的成年子女、另一方不负担抚养费的约定，对双方具有法律约束力。

    A. 没有生活来源   B. 不能独立生活

    C. 没有工作   D. 患病

2. 离婚诉讼中，夫妻一方有证据证明在婚姻关系存续期间因抚育子女、照料老年人、协助另一方工作等负担较多义务，依据民法典第一千零八十八条规定请求另一方给予补偿的，人民法院可以综合考虑负担相应义务投入的时间、精力和对双方的影响以及给付方负担能力、（   ）等因素，确定补偿数额。

    A. 当地最低工资

    B. 当地城镇居民人均可支配收入

    C. 当地人均工资

    D. 当地居民人均可支配收入

（三）多项选择题

1. 夫妻一方的债权人有证据证明离婚协议中财产分割条款影响其债权实现，请求参照适用《民法典》第 538 条或者第 539 条规定撤销相关条款的，人民法院应当综合考虑（　　）等因素，依法予以支持。

   A. 夫妻共同财产整体分割及履行情况

   B. 婚姻关系存续时间

   C. 子女抚养费负担

   D. 离婚过错

2. 婚前或者婚姻关系存续期间，当事人约定将一方所有的房屋转移登记至另一方或者双方名下，离婚诉讼时房屋所有权尚未转移登记，双方对房屋归属或者分割有争议且协商不成的，人民法院可以根据当事人诉讼请求，结合给予目的，综合考虑（　　）以及离婚时房屋市场价格等因素，判决房屋归其中一方所有，并确定是否由获得房屋一方对另一方予以补偿以及补偿的具体数额。

   A. 婚姻关系存续时间

   B. 共同生活及孕育共同子女情况

   C. 离婚过错

   D. 对家庭的贡献大小

3. 抢夺、藏匿未成年子女一方以另一方存在赌博、吸毒、家庭暴力等严重侵害未成年子女合法权益情形，主张其抢夺、藏匿行为有合理事由的，人民法院应当告知其依法通过（　　）等途径解决。

A. 撤销监护人资格　　　　B. 中止探望

C. 变更抚养关系　　　　　D. 申请人身安全保护令

4. 离婚诉讼中，父母均要求直接抚养已满两周岁的未成年子女，一方（　　）的，人民法院应当按照最有利于未成年子女的原则，优先考虑由另一方直接抚养

A. 实施家庭暴力或者虐待、遗弃家庭成员

B. 有赌博、吸毒等恶习

C. 重婚

D. 与他人同居

5. 离婚后，直接抚养子女一方经济状况发生变化导致原生活水平显著降低或者子女生活、教育、医疗等必要合理费用确有显著增加，未成年子女或者不能独立生活的成年子女请求另一方支付抚养费的，人民法院依法予以支持，并综合考虑（　　）等因素，确定抚养费的数额。

A. 离婚协议整体约定　　　B. 子女实际需要

C. 另一方的负担能力　　　D. 当地生活水平

6. 离婚诉讼中，一方存在（　　）等生活困难情形，依据民法典第一千零九十条规定请求有负担能力的另一方给予适当帮助的，人民法院可以根据当事人请求，结合另一方财产状况，依法予以支持。

A. 没有收入　　　　　　　B. 年老

C. 残疾　　　　　　　　　D. 重病

（四）填空题

1. 当事人依据《民法典》第 1051 条第 1 项规定请求确认重婚

的婚姻＿＿＿，提起诉讼时合法婚姻当事人已经＿＿＿或者配偶已经死亡，被告以此为由抗辩后一婚姻自以上情形发生时转为有效的，人民法院不予支持。

2. 婚前或者婚姻关系存续期间，一方将其所有的房屋＿＿＿登记至另一方或者双方名下，离婚诉讼中，双方对房屋归属或者分割有争议且协商不成的，如果婚姻关系存续时间较短且给予方无＿＿＿，人民法院可以根据当事人诉讼请求，判决该房屋归给予方所有，并结合给予目的，综合考虑共同生活及孕育共同子女情况、离婚过错、对家庭的贡献大小以及离婚时房屋市场价格等因素，＿＿＿是否由获得房屋一方对另一方予以补偿以及补偿的具体数额。

3. 夫妻一方为重婚、与他人同居以及其他违反＿＿＿等目的，将夫妻共同财产赠与他人或者以＿＿＿的价格处分夫妻共同财产，另一方主张该民事法律行为违背＿＿＿无效的，人民法院应予支持并依照民法典第一百五十七条规定处理。

4. 夫妻一方转让用夫妻共同财产出资但登记在自己名下的有限责任公司股权，另一方以未经其同意侵害夫妻共同财产利益为由请求确认股权转让合同＿＿＿的，人民法院不予支持，但有证据证明转让人与受让人＿＿＿损害另一方合法权益的除外。

5. 父母一方或者其近亲属等抢夺、藏匿未成年子女，另一方向人民法院申请＿＿＿或者参照适用《民法典》第 997 条规定申请＿＿＿人的，人民法院依法予以支持。

6. 离婚后，不直接抚养子女一方未按照＿＿＿约定或者以其他方式作出的承诺给付抚养费，未成年子女或者＿＿＿的成年子女请求其支付欠付的抚养费的，人民法院应予支持。

（五） 简答题

双方均无配偶的同居关系析产纠纷案件中，对同居期间所得的财产应如何处理？

参考答案

（一） 判断题

1. √，解析：根据《最高人民法院关于适用〈中华人民共和国民法典〉婚姻家庭编的解释（二）》（以下简称《民法典婚姻家庭编解释（二）》）第1条规定。

2. √，解析：根据《民法典婚姻家庭编解释（二）》第6条规定。

3. √，解析：根据《民法典婚姻家庭编解释（二）》第8条规定。

4. √，解析：根据《民法典婚姻家庭编解释（二）》第10条规定。

5. ×，解析：根据《民法典婚姻家庭编解释（二）》第20条第1款规定，离婚协议约定将部分或者全部夫妻共同财产给予子女，离婚后，一方在财产权利转移之前请求撤销该约定的，人民法院不予支持，但另一方同意的除外。

（二） 单项选择题

1. B，解析：根据《民法典婚姻家庭编解释（二）》第16条第1款规定，离婚协议中关于一方直接抚养未成年子女或者不能独立生活的成年子女、另一方不负担抚养费的约定，对双方具有法律约束力。但是，离婚后，直接抚养子女一方经济状况发生变化导致原生活水平显著降低或者子女生活、教育、医疗等必要合理费用确有显著增加，未成年子女或者不能独立生活的成年子女请求另一方支付抚养费的，人民法院依法予以支持，并综合考虑离婚协

议整体约定、子女实际需要、另一方的负担能力、当地生活水平
等因素，确定抚养费的数额。

2. D，解析：根据《民法典婚姻家庭编解释（二）》第 21 条规定，
离婚诉讼中，夫妻一方有证据证明在婚姻关系存续期间因抚育子
女、照料老年人、协助另一方工作等负担较多义务，依据《民法
典》第 1088 条规定请求另一方给予补偿的，人民法院可以综合考
虑负担相应义务投入的时间、精力和对双方的影响以及给付方负
担能力、当地居民人均可支配收入等因素，确定补偿数额。

（三）多项选择题

1. ACD，解析：根据《民法典婚姻家庭编解释（二）》第 3 条规定，
夫妻一方的债权人有证据证明离婚协议中财产分割条款影响其债
权实现，请求参照适用《民法典》第 538 条或者第 539 条规定撤
销相关条款的，人民法院应当综合考虑夫妻共同财产整体分割及
履行情况、子女抚养费负担、离婚过错等因素，依法予以支持。

2. ABCD，解析：根据《民法典婚姻家庭编解释（二）》第 5 条第 1
款规定，婚前或者婚姻关系存续期间，当事人约定将一方所有的
房屋转移登记至另一方或者双方名下，离婚诉讼时房屋所有权尚
未转移登记，双方对房屋归属或者分割有争议且协商不成的，人
民法院可以根据当事人诉讼请求，结合给予目的，综合考虑婚姻
关系存续时间、共同生活及孕育共同子女情况、离婚过错、对家
庭的贡献大小以及离婚时房屋市场价格等因素，判决房屋归其中
一方所有，并确定是否由获得房屋一方对另一方予以补偿以及补
偿的具体数额。

3. ABC，解析：根据《民法典婚姻家庭编解释（二）》第 12 条规
定，父母一方或者其近亲属等抢夺、藏匿未成年子女，另一方向
人民法院申请人身安全保护令或者参照适用《民法典》第 997 条
规定申请人格权侵害禁令的，人民法院依法予以支持。抢夺、藏
匿未成年子女一方以另一方存在赌博、吸毒、家庭暴力等严重侵

害未成年子女合法权益情形，主张其抢夺、藏匿行为有合理事由的，人民法院应当告知其依法通过撤销监护人资格、中止探望或者变更抚养关系等途径解决。当事人对其上述主张未提供证据证明且未在合理期限内提出相关请求的，人民法院依照前款规定处理。

4. ABCD，解析：根据《民法典婚姻家庭编解释（二）》第 14 条规定，离婚诉讼中，父母均要求直接抚养已满两周岁的未成年子女，一方有下列情形之一的，人民法院应当按照最有利于未成年子女的原则，优先考虑由另一方直接抚养：（1）实施家庭暴力或者虐待、遗弃家庭成员；（2）有赌博、吸毒等恶习；（3）重婚、与他人同居或者其他严重违反夫妻忠实义务情形；（4）抢夺、藏匿未成年子女且另一方不存在本条第一项或者第二项等严重侵害未成年子女合法权益情形；（5）其他不利于未成年子女身心健康的情形。

5. ABCD，解析：根据《民法典婚姻家庭编解释（二）》第 16 条第 1 款规定，离婚协议中关于一方直接抚养未成年子女或者不能独立生活的成年子女、另一方不负担抚养费的约定，对双方具有法律约束力。但是，离婚后，直接抚养子女一方经济状况发生变化导致原生活水平显著降低或者子女生活、教育、医疗等必要合理费用确有显著增加，未成年子女或者不能独立生活的成年子女请求另一方支付抚养费的，人民法院依法予以支持，并综合考虑离婚协议整体约定、子女实际需要、另一方的负担能力、当地生活水平等因素，确定抚养费的数额。

6. BCD，解析：根据《民法典婚姻家庭编解释（二）》第 22 条规定，离婚诉讼中，一方存在年老、残疾、重病等生活困难情形，依据《民法典》第 1090 条规定请求有负担能力的另一方给予适当帮助的，人民法院可以根据当事人请求，结合另一方财产状况，依法予以支持。

（四）填空题

1. 无效；离婚。（《民法典婚姻家庭编解释（二）》第1条）

2. 转移；重大过错；确定。（《民法典婚姻家庭编解释（二）》第5
   条）

3. 夫妻忠实义务；明显不合理；公序良俗。（《民法典婚姻家庭编解
   释（二）》第7条）

4. 无效；恶意串通。（《民法典婚姻家庭编解释（二）》第9条）

5. 人身安全保护令；格权侵害禁令。（《民法典婚姻家庭编解释
   （二）》第12条）

6. 离婚协议；不能独立生活。（《民法典婚姻家庭编解释（二）》第
   17条）

（五）简答题

答：根据《民法典婚姻家庭编解释（二）》第4条规定，双方均
无配偶的同居关系析产纠纷案件中，对同居期间所得的财产，有
约定的，按照约定处理；没有约定且协商不成的，人民法院按照
以下情形分别处理：（1）各自所得的工资、奖金、劳务报酬、知
识产权收益，各自继承或者受赠的财产以及单独生产、经营、投
资的收益等，归各自所有；（2）共同出资购置的财产或者共同生
产、经营、投资的收益以及其他无法区分的财产，以各自出资比
例为基础，综合考虑共同生活情况、有无共同子女、对财产的贡
献大小等因素进行分割。

六、妇女权益保障法

（一）判断题

1. 县级以上人民政府有关部门在各自的职责范围内做好妇女权益的保障工作。（　　）

2. 县级以上地方各级人民政府民政部门根据中国妇女发展纲要，制定和组织实施本行政区域的妇女发展规划，将其纳入国民经济和社会发展规划。（　　）

3. 国家将男女平等基本国策纳入国民教育体系，开展宣传教育，增强全社会的男女平等意识，培育尊重和关爱妇女的社会风尚。（　　）

4. 全国人民代表大会和地方各级人民代表大会的代表中，应当保证有适当数量的妇女代表。（　　）

5. 居民委员会、村民委员会成员中，可以有适当数量的妇女成员。（　　）

6. 国家保障妇女享有与男子平等的人身和人格权益。（　　）

7. 受害妇女可以向有关单位和国家机关投诉。接到投诉的有关单位和国家机关应当及时处理，并书面或者口头告知处理结果。（　　）

8. 国家建立健全妇女健康服务体系，保障妇女享有基本医疗卫生服务，开展妇女重症病的预防、筛查和诊疗，提高妇女健康水平。（　　）

9. 有关部门应当提供真实、有效的避孕药具和技术，保障妇女的健康和安全。（　　）

10. 中华全国妇女联合会和地方各级妇女联合会应当采取措施，保障女性平等享有接受中高等教育的权利和机会。（　　）

11. 职工一方与用人单位订立的集体合同中应当包含男女平等和女职工权益保护相关内容，但不可以就相关内容制定专章、附件或者单独订立女职工权益保护专项集体合同。（　　）

12. 国家实行生育保险制度，建立健全婴幼儿托育服务等与生育相关的其他保障制度。（　　）

13. 因结婚男方到女方住所落户的，男方和子女享有与所在地农村集体经济组织成员平等的权益。（　　）

14. 国家保障妇女享有与男子平等的婚姻家庭权利。（　　）

15. 离婚诉讼期间，夫妻一方申请查询登记在对方名下财产状况且确因客观原因不能自行收集的，人民法院可以进行调查取证，有关部门和单位应当予以协助。（　　）

16. 父母双方对未成年子女享有平等的监护权。父亲死亡、无监护能力或者有其他情形不能担任未成年子女的监护人的，母亲的监护权任何组织和个人不得干涉。（　　）

（二）单项选择题

1. （　　）制定和组织实施中国妇女发展纲要，将其纳入国民经济和社会发展规划，保障和促进妇女在各领域的全面发展。

A. 全国人大　　　　　　　　B. 全国人大常委会

    C. 国务院民政部门   D. 国务院

2. 国家鼓励妇女 （   ），运用法律维护自身合法权益。

    A. 自尊、自爱、自立、自强

    B. 自尊、自信、自爱、自强

    C. 自尊、自信、自立、自强

    D. 自尊、自信、自立、自爱

3. 国家机关、群团组织、企业事业单位培养、选拔和任用干部，应当坚持 （   ） 的原则，并有适当数量的妇女担任领导成员。

    A. 性别平等   B. 年龄平等

    C. 资历平等   D. 男女平等

4. 医疗机构施行生育手术、特殊检查或者特殊治疗时，应当征得妇女本人同意；在妇女与其家属或者关系人意见不一致时，应当尊重 （   ） 意愿。

    A. 妇女本人   B. 妇女的家属

    C. 妇女的近亲属   D. 妇女的关系人

5. 媒体报道涉及妇女事件应当 （   ），不得通过夸大事实、过度渲染等方式侵害妇女的人格权益。

    A. 公正、适度   B. 客观、公平

    C. 客观、适度   D. 公平、公正

6. 下列关于妇女权益保障的说法错误的是：（   ）

    A. 县级以上地方人民政府应当设立妇幼保健机构，为妇女提供保健以及常见病防治服务

    B. 国家鼓励和支持社会力量通过依法捐赠、资助或者提供志愿服务等方式，管理妇女卫生健康事业

C. 国家鼓励和支持社会力量通过依法捐赠、资助或者提供志愿服务等方式，提供安全的生理健康用品或者服务，满足妇女多样化、差异化的健康需求

D. 用人单位应当定期为女职工安排妇科疾病、乳腺疾病检查以及妇女特殊需要的其他健康检查

7. （   ）和有关部门应当采取措施，根据城镇和农村妇女的需要，组织妇女接受职业教育和实用技术培训。

A. 各级人民政府　　　　　B. 县级以上人民政府

C. 县级以上地方人民政府　D. 乡级以上地方人民政府

8. 人力资源和社会保障部门应当将招聘、录取、晋职、晋级、评聘专业技术职称和职务、培训、辞退等过程中的性别歧视行为纳入劳动保障（   ）范围。

A. 监察　　　　　　　　　B. 监督

C. 监管　　　　　　　　　D. 督察

9. 国家（   ）男女双方在结婚登记前，共同进行医学检查或者相关健康体检。

A. 要求　　　　　　　　　B. 支持

C. 提倡　　　　　　　　　D. 鼓励

10. 对夫妻共同所有的不动产以及可以联名登记的动产，女方有权要求在权属证书上记载其姓名；认为记载的权利人、标的物、权利比例等事项有错误的，有权依法申请（   ），有关机构应当按照其申请依法办理相应登记手续。

A. 变更登记或者异议登记

B. 更正登记或者注销登记

    C. 更正登记或者异议登记

    D. 变更登记或者注销登记

11. 女方因抚育子女、照料老人、协助男方工作等负担较多义务的，有权在离婚时要求男方予以（　　）。

    A. 赔偿　　　　　　　　B. 补偿

    C. 弥补　　　　　　　　D. 抵偿

12. 女方丧失生育能力的，在离婚处理子女抚养问题时，应当在（　　）的条件下，优先考虑女方的抚养要求。

    A. 征求双方父母意见　　B. 征求未成年子女意见

    C. 双方协商　　　　　　D. 最有利于未成年子女

13. 乡镇人民政府应当对村民自治章程、村规民约，村民会议、村民代表会议的决定以及其他涉及村民利益事项的决定进行（　　），对其中违反法律、法规和国家政策规定，侵害妇女合法权益的内容责令改正。

    A. 帮助　　　　　　　　B. 指导

    C. 领导　　　　　　　　D. 指挥

（三）多项选择题

1. 坚持中国共产党对妇女权益保障工作的领导，建立（　　）的保障妇女权益工作机制。

    A. 政府主导　　　　　　B. 各方协同

    C. 组织帮助　　　　　　D. 社会参与

2. 妇女和妇女组织有权向各级国家机关提出妇女权益保障方面的（　　）。

    A. 意见　　　　　　　　B. 设想

C. 建议   D. 想法

3. 妇女联合会代表妇女积极参与国家和社会事务的（   ）。

    A. 民主协商   B. 民主决策

    C. 民主管理   D. 民主监督

4. 妇女的生命权、身体权、健康权不受侵犯。禁止（   ）以及其他侵害女性生命健康权益的行为。

    A. 虐待   B. 遗弃

    C. 残害   D. 买卖

5. 禁止违背妇女意愿，以（   ）等方式对其实施性骚扰。

    A. 言语   B. 文字

    C. 图像   D. 肢体行为

6. 对性侵害、性骚扰女学生的违法犯罪行为，学校不得隐瞒，应当及时通知受害未成年女学生的父母或者其他监护人，向（   ）报告，并配合相关部门依法处理。

    A. 人民法院   B. 人民检察院

    C. 公安机关   D. 教育行政部门

7. 禁止以恋爱、交友为由或者在终止恋爱关系、离婚之后，纠缠、骚扰妇女，（   ）妇女隐私和个人信息。妇女遭受上述侵害或者面临上述侵害现实危险的，可以向人民法院申请人身安全保护令。

    A. 泄露   B. 散布

    C. 透露   D. 传播

8. 国家实行（   ）保健制度，逐步建立妇女全生育周期系统保健制度。

    A. 婚前   B. 孕前

C. 孕产期   D. 产后

9. 对无正当理由不送适龄女性未成年人入学的父母或者其他监护人，由当地（   ）给予批评教育，依法责令其限期改正。

   A. 乡镇人民政府

   B. 居民委员会、村民委员会

   C. 县级人民政府

   D. 县级人民政府教育行政部门

10. 国家机关、社会团体和企业事业单位应当执行国家有关规定，保障妇女从事（   ）和其他文化活动，享有与男子平等的权利。

    A. 科学   B. 技术

    C. 文学   D. 艺术

11. 用人单位在录（聘）用女职工时，应当依法与其签订劳动（聘用）合同或者服务协议，劳动（聘用）合同或者服务协议中应当具备女职工特殊保护条款，并不得规定限制女职工（   ）等内容。

    A. 恋爱   B. 结婚

    C. 生育   D. 加班

12. 下列关于妇女权益保障的说法正确的是：（   ）

    A. 用人单位不得因结婚、怀孕、产假、哺乳等情形，降低女职工的工资和福利待遇

    B. 用人单位不得因结婚、怀孕、产假、哺乳等情形，限制女职工晋职、晋级、评聘专业技术职称和职务

    C. 用人单位不得因结婚、怀孕、产假、哺乳等情形，辞退

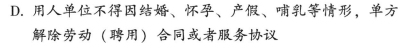

女职工

    D. 用人单位不得因结婚、怀孕、产假、哺乳等情形，单方解除劳动（聘用）合同或者服务协议

13. 妇女在农村集体经济组织成员身份确认、（　　）等方面，享有与男子平等的权利。

    A. 土地承包经营

    B. 集体经济组织收益分配

    C. 土地征收补偿安置或者征用补偿

    D. 宅基地使用

14. 婚姻登记机关应当提供婚姻家庭辅导服务，引导当事人建立（　　）的婚姻家庭关系。

    A. 平等   B. 幸福

    C. 和睦   D. 文明

15. 女方在怀孕期间、（　　），男方不得提出离婚；但是，女方提出离婚或者人民法院认为确有必要受理男方离婚请求的除外。

    A. 分娩后 1 年内   B. 分娩后 6 个月内

    C. 终止妊娠后 6 个月内   D. 终止妊娠后 1 年内

16. 妇女对夫妻共同财产享有与其配偶平等的（　　）的权利，不受双方收入状况等情形的影响。

    A. 占有   B. 使用

    C. 收益   D. 处分

17. 离婚诉讼期间，夫妻双方均有向人民法院申报全部夫妻共同财产的义务。一方（　　）、挥霍夫妻共同财产，或者伪造夫妻共同债务企图侵占另一方财产的，在离婚分割夫妻共同财产时，对该方可以少分或者不分财产。

A. 隐藏   B. 转移

C. 变卖   D. 损毁

18. 下列关于妇女权益保障的说法正确的是：（   ）

     A. 妇女的合法权益受到侵害的，可以向妇女联合会等妇女组织求助

     B. 妇女联合会等妇女组织应当维护被侵害妇女的合法权益，有权要求并协助有关部门或者单位查处

     C. 有关部门或者单位应当依法查处，并予以答复

     D. 有关部门或者单位不予处理或者处理不当的，县级以上人民政府负责妇女儿童工作的机构、妇女联合会可以向其提出督促处理意见，必要时可以提请同级人民政府开展督查

19. 县级以上人民政府应当开通全国统一的妇女权益保护服务热线，及时（   ）有关侵害妇女合法权益的投诉、举报；有关部门或者单位接到投诉、举报后，应当及时予以处置。

     A. 处理   B. 受理

     C. 移送   D. 报送

20. 违反《妇女权益保障法》规定，侵害妇女人身和人格权益、（   ）的，依法责令改正，直接负责的主管人员和其他直接责任人员属于国家工作人员的，依法给予处分。

     A. 文化教育权益   B. 劳动和社会保障权益

     C. 财产权益   D. 婚姻家庭权益

（四）填空题

1. 国家采取必要措施，促进____，消除对妇女一切形式的歧视，禁止排斥、限制妇女依法享有和行使各项权益。国家保护妇女依法享有的____。

2. 中华全国妇女联合会和地方各级妇女联合会依照法律和中华全国妇女联合会章程，代表和维护____妇女的利益，做好维护妇女权益、促进男女平等和妇女____发展的工作。

3. 妇女有权通过各种____和形式，依法参与管理国家事务、管理经济和____事业、管理社会事务。

4. 妇女联合会及其团体会员，可以向国家机关、群团组织、企业事业单位____女干部。

5. 妇女的人格尊严不受____。禁止用____、诽谤等方式损害妇女的人格尊严。

6. 禁止拐卖、绑架妇女；禁止____被拐卖、绑架的妇女；禁止____被拐卖、绑架的妇女。

7. 对遭受性侵害、性骚扰的女学生，学校、公安机关、教育行政部门等相关单位和人员应当保护其____和个人信息，并提供____的保护措施。

8. 禁止通过大众传播媒介或者其他方式____妇女人格。未经本人同意，不得通过广告、商标、展览橱窗、报纸、____、图书、音像制品、电子出版物、网络等形式使用妇女肖像，但法律另有规定的除外。

9. 父母或者其他监护人应当履行保障____女性未成年人接受并完成____教育的义务。

10. 国家____全民终身学习体系，为妇女终身学习创造____。

11. 实行男女____。妇女在享受福利待遇方面享有与男子____的权利。

12. 女职工在____以及依法享受产假期间，劳动（聘用）合同或者服务协议____的，劳动（聘用）合同或者服务协议期限____至产假结束。但是，用人单位依法解除、终止劳动（聘用）合同、服务协议，或者女职工依法____解除、终止劳动（聘用）合同、服务协议的除外。

13. 国家____职工生育休假制度，保障____女职工依法享有休息休假权益。

14. 申请农村土地承包经营权、宅基地使用权等不动产登记，应当在不动产登记簿和____上将享有权利的妇女等家庭成员____列明。

15. 国家保护妇女的婚姻____。禁止干涉妇女的结婚、离婚____。

16. 禁止对妇女实施家庭暴力。____人民政府有关部门、司法机关、社会团体、企业事业单位、基层群众性自治组织以及其他组织，应当在各自的____范围内预防和制止家庭暴力，依法为受害妇女提供____。

17. 夫妻双方应当共同负担____，共同照顾家庭生活。

18. 离婚时，分割夫妻____的房屋或者处理夫妻共同租住的房屋，由双方协议解决；协议不成的，可以向人民法院____。

19. 用人单位侵害妇女劳动和社会保障权益的，人力资源和社会保障部门可以联合工会、妇女联合会____用人单位，依法进行____并要求其限期纠正。

20. 违反《妇女权益保障法》规定，对妇女实施性骚扰的，由公安机关给予____或者出具____，并由所在单位依法给予处分。

（五）简答题

1. 简述用人单位预防和制止对妇女的性骚扰应当采取的措施。
2. 检察机关可以对哪些侵害妇女合法权益，导致社会公共利益受损的情形依法提起公益诉讼？

参考答案

（一）判断题

1. √，解析：根据《妇女权益保障法》第3条规定。
2. ×，解析：根据《妇女权益保障法》第5条第2款规定，县级以上地方各级人民政府根据中国妇女发展纲要，制定和组织实施本行政区域的妇女发展规划，将其纳入国民经济和社会发展规划。
3. √，解析：根据《妇女权益保障法》第10条规定。
4. √，解析：根据《妇女权益保障法》第14条规定。
5. ×，解析：根据《妇女权益保障法》第14条第3款规定，居民委员会、村民委员会成员中，应当保证有适当数量的妇女成员。
6. √，解析：根据《妇女权益保障法》第18条规定。
7. ×，解析：根据《妇女权益保障法》第23条第2款规定，受害妇女可以向有关单位和国家机关投诉。接到投诉的有关单位和国家机关应当及时处理，并书面告知处理结果。
8. ×，解析：根据《妇女权益保障法》第30条第1款规定，国家建立健全妇女健康服务体系，保障妇女享有基本医疗卫生服务，开展妇女常见病、多发病的预防、筛查和诊疗，提高妇女健康水平。

9. ×，解析：根据《妇女权益保障法》第 33 条第 2 款规定，有关部门应当提供安全、有效的避孕药具和技术，保障妇女的健康和安全。

10. ×，解析：根据《妇女权益保障法》第 37 条第 3 款规定，各级人民政府应当采取措施，保障女性平等享有接受中高等教育的权利和机会。

11. ×，解析：根据《妇女权益保障法》第 44 条第 2 款规定，职工一方与用人单位订立的集体合同中应当包含男女平等和女职工权益保护相关内容，也可以就相关内容制定专章、附件或者单独订立女职工权益保护专项集体合同。

12. √，解析：根据《妇女权益保障法》第 51 条规定。

13. √，解析：根据《妇女权益保障法》第 56 条规定。

14. √，解析：根据《妇女权益保障法》第 60 条规定。

15. ×，解析：根据《妇女权益保障法》第 67 条第 1 款规定，离婚诉讼期间，夫妻一方申请查询登记在对方名下财产状况且确因客观原因不能自行收集的，人民法院应当进行调查取证，有关部门和单位应当予以协助。

16. √，解析：根据《妇女权益保障法》第 70 条规定。

（二）单项选择题

1. D，解析：根据《妇女权益保障法》第 5 条第 1 款规定，国务院制定和组织实施中国妇女发展纲要，将其纳入国民经济和社会发展规划，保障和促进妇女在各领域的全面发展。

2. C，解析：根据《妇女权益保障法》第 7 条第 1 款规定，国家鼓励妇女自尊、自信、自立、自强，运用法律维护自身合法权益。

3. D，解析：根据《妇女权益保障法》第 15 条第 2 款规定，国家机关、群团组织、企业事业单位培养、选拔和任用干部，应当坚持男女平等的原则，并有适当数量的妇女担任领导成员。

4. A，解析：根据《妇女权益保障法》第 21 条第 3 款规定，医疗机构施行生育手术、特殊检查或者特殊治疗时，应当征得妇女本人同意；在妇女与其家属或者关系人意见不一致时，应当尊重妇女本人意愿。

5. C，解析：根据《妇女权益保障法》第 28 条第 2 款规定，媒体报道涉及妇女事件应当客观、适度，不得通过夸大事实、过度渲染等方式侵害妇女的人格权益。

6. B，解析：根据《妇女权益保障法》第 31 条规定，县级以上地方人民政府应当设立妇幼保健机构，为妇女提供保健以及常见病防治服务。国家鼓励和支持社会力量通过依法捐赠、资助或者提供志愿服务等方式，参与妇女卫生健康事业，提供安全的生理健康用品或者服务，满足妇女多样化、差异化的健康需求。用人单位应当定期为女职工安排妇科疾病、乳腺疾病检查以及妇女特殊需要的其他健康检查。

7. A，解析：根据《妇女权益保障法》第 39 条第 2 款规定，各级人民政府和有关部门应当采取措施，根据城镇和农村妇女的需要，组织妇女接受职业教育和实用技术培训。

8. A，解析：根据《妇女权益保障法》第 49 条规定，人力资源和社会保障部门应当将招聘、录取、晋职、晋级、评聘专业技术职称和职务、培训、辞退等过程中的性别歧视行为纳入劳动保障监察范围。

9. D，解析：根据《妇女权益保障法》第 62 条规定，国家鼓励男女双方在结婚登记前，共同进行医学检查或者相关健康体检。

10. C，解析：根据《妇女权益保障法》第 66 条第 2 款规定，对夫妻共同所有的不动产以及可以联名登记的动产，女方有权要求在权属证书上记载其姓名；认为记载的权利人、标的物、权利比例等事项有错误的，有权依法申请更正登记或者异议登记，有关机构应当按照其申请依法办理相应登记手续。

11. B，解析：根据《妇女权益保障法》第 68 条第 2 款规定，女方因抚育子女、照料老人、协助男方工作等负担较多义务的，有权在离婚时要求男方予以补偿。补偿办法由双方协议确定；协议不成的，可以向人民法院提起诉讼。

12. D，解析：根据《妇女权益保障法》第 71 条规定，女方丧失生育能力的，在离婚处理子女抚养问题时，应当在最有利于未成年子女的条件下，优先考虑女方的抚养要求。

13. B，解析：根据《妇女权益保障法》第 75 条第 2 款规定，乡镇人民政府应当对村民自治章程、村规民约，村民会议、村民代表会议的决定以及其他涉及村民利益事项的决定进行指导，对其中违反法律、法规和国家政策规定，侵害妇女合法权益的内容责令改正；受侵害妇女向农村土地承包仲裁机构申请仲裁或者向人民法院起诉的，农村土地承包仲裁机构或者人民法院应当依法受理。

（三）多项选择题

1. ABD，解析：根据《妇女权益保障法》第 3 条第 1 款规定，坚持中国共产党对妇女权益保障工作的领导，建立政府主导、各方协同、社会参与的保障妇女权益工作机制。

2. AC，解析：根据《妇女权益保障法》第 13 条第 2 款规定，妇女和妇女组织有权向各级国家机关提出妇女权益保障方面的意见和建议。

3. ABCD，解析：根据《妇女权益保障法》第 16 条规定，妇女联合会代表妇女积极参与国家和社会事务的民主协商、民主决策、民主管理和民主监督。

4. ABCD，解析：根据《妇女权益保障法》第 21 条第 1 款规定，妇女的生命权、身体权、健康权不受侵犯。禁止虐待、遗弃、残害、买卖以及其他侵害女性生命健康权益的行为。

5. ABCD，解析：根据《妇女权益保障法》第 23 条第 1 款规定，禁止违背妇女意愿，以言语、文字、图像、肢体行为等方式对其实施性骚扰。

6. CD，解析：根据《妇女权益保障法》第 24 条第 2 款规定，学校应当建立有效预防和科学处置性侵害、性骚扰的工作制度。对性侵害、性骚扰女学生的违法犯罪行为，学校不得隐瞒，应当及时通知受害未成年女学生的父母或者其他监护人，向公安机关、教育行政部门报告，并配合相关部门依法处理。

7. AD，解析：根据《妇女权益保障法》第 29 条规定，禁止以恋爱、交友为由或者在终止恋爱关系、离婚之后，纠缠、骚扰妇女，泄露、传播妇女隐私和个人信息。妇女遭受上述侵害或者面临上述侵害现实危险的，可以向人民法院申请人身安全保护令。

8. ABCD，解析：根据《妇女权益保障法》第 33 条第 1 款规定，国家实行婚前、孕前、孕产期和产后保健制度，逐步建立妇女全生育周期系统保健制度。医疗保健机构应当提供安全、有效的医疗保健服务，保障妇女生育安全和健康。

9. AD，解析：根据《妇女权益保障法》第 36 条第 2 款规定，对无正当理由不送适龄女性未成年人入学的父母或者其他监护人，由当地乡镇人民政府或者县级人民政府教育行政部门给予批评教育，依法责令其限期改正。居民委员会、村民委员会应当协助政府做好相关工作。

10. ABCD，解析：根据《妇女权益保障法》第 40 条规定，国家机关、社会团体和企业事业单位应当执行国家有关规定，保障妇女从事科学、技术、文学、艺术和其他文化活动，享有与男子平等的权利。

11. BC，解析：根据《妇女权益保障法》第 44 条第 1 款规定，用人单位在录（聘）用女职工时，应当依法与其签订劳动（聘用）合同或者服务协议，劳动（聘用）合同或者服务协议中应当具备女职工特殊保护条款，并不得规定限制女职工结婚、生育等内容。

12. ABCD，解析：根据《妇女权益保障法》第 48 条第 1 款规定，用人单位不得因结婚、怀孕、产假、哺乳等情形，降低女职工的工资和福利待遇，限制女职工晋职、晋级、评聘专业技术职称和职务，辞退女职工，单方解除劳动（聘用）合同或者服务协议。

13. ABCD，解析：根据《妇女权益保障法》第 55 条第 1 款规定，妇女在农村集体经济组织成员身份确认、土地承包经营、集体经济组织收益分配、土地征收补偿安置或者征用补偿以及宅基地使用等方面，享有与男子平等的权利。

14. ACD，解析：根据《妇女权益保障法》第 63 条规定，婚姻登记机关应当提供婚姻家庭辅导服务，引导当事人建立平等、和睦、文明的婚姻家庭关系。

15. AC，解析：根据《妇女权益保障法》第 64 条规定，女方在怀孕期间、分娩后 1 年内或者终止妊娠后 6 个月内，男方不得提出离婚；但是，女方提出离婚或人民法院认为确有必要受理男方离婚请求的除外。

16. ABCD，解析：根据《妇女权益保障法》第 66 条第 1 款规定，妇女对夫妻共同财产享有与其配偶平等的占有、使用、收益和处分的权利，不受双方收入状况等情形的影响。

17. ABCD，解析：根据《妇女权益保障法》第 67 条第 2 款规定，离婚诉讼期间，夫妻双方均有向人民法院申报全部夫妻共同财产的义务。一方隐藏、转移、变卖、损毁、挥霍夫妻共同财产，或者伪造夫妻共同债务企图侵占另一方财产的，在离婚分割夫妻共同财产时，对该方可以少分或者不分财产。

18. ABCD，解析：根据《妇女权益保障法》第 73 条第 1 款规定，妇女的合法权益受到侵害的，可以向妇女联合会等妇女组织求助。妇女联合会等妇女组织应当维护被侵害妇女的合法权益，有权要求并协助有关部门或者单位查处。有关部门或者单位应当依法查处，并予以答复；不予处理或者处理不当的，县级以上人民政府负责妇女儿童工作的机构、妇女联合会可以向其提出督促处理意见，必要时可以提请同级人民政府开展督查。

19. BC，解析：根据《妇女权益保障法》第 76 条第 1 款规定，县级以上人民政府应当开通全国统一的妇女权益保护服务热线，及时受理、移送有关侵害妇女合法权益的投诉、举报；有关部门或者单位接到投诉、举报后，应当及时予以处置。

20. ABCD，解析：根据《妇女权益保障法》第 84 条第 3 款规定，违反本法规定，侵害妇女人身和人格权益、文化教育权益、劳动和社会保障权益、财产权益以及婚姻家庭权益的，依法责令改正，直接负责的主管人员和其他直接责任人员属于国家工作人员的，依法给予处分。

（四）填空题

1. 男女平等；特殊权益。（《妇女权益保障法》第 2 条）

2. 各族各界；全面。（《妇女权益保障法》第 6 条）

3. 途径；文化。（《妇女权益保障法》第 13 条）

4. 推荐。（《妇女权益保障法》第 15 条）

5. 侵犯；侮辱。（《妇女权益保障法》第 20 条）

6. 收买；阻碍解救。（《妇女权益保障法》第 22 条）

7. 隐私；必要。（《妇女权益保障法》第 24 条）

8. 贬低损害；期刊。（《妇女权益保障法》第 28 条）

9. 适龄；义务。（《妇女权益保障法》第 36 条）

10. 健全；条件。（《妇女权益保障法》第 39 条）

11. 同工同酬；平等。（《妇女权益保障法》第 45 条）

12. 怀孕；期满；自动延续要求。（《妇女权益保障法》第 48 条）

13. 建立健全；孕产期。（《妇女权益保障法》第 51 条）

14. 权属证书；全部。（《妇女权益保障法》第 55 条）

15. 自主权；自由。（《妇女权益保障法》第 61 条）

16. 县级以上；职责；救助。（《妇女权益保障法》第 65 条）

17. 家庭义务。（《妇女权益保障法》第 68 条）

18. 共有；提起诉讼。(《妇女权益保障法》第 69 条)

19. 约谈；监督。(《妇女权益保障法》第 74 条)

20. 批评教育；告诫书。(《妇女权益保障法》第 80 条)

(五) 简答题

1. 答：根据《妇女权益保障法》第 25 条规定，用人单位应当采取下列措施预防和制止对妇女的性骚扰：(1) 制定禁止性骚扰的规章制度；(2) 明确负责机构或者人员；(3) 开展预防和制止性骚扰的教育培训活动；(4) 采取必要的安全保卫措施；(5) 设置投诉电话、信箱等，畅通投诉渠道；(6) 建立和完善调查处置程序，及时处置纠纷并保护当事人隐私和个人信息；(7) 支持、协助受害妇女依法维权，必要时为受害妇女提供心理疏导；(8) 其他合理的预防和制止性骚扰措施。

2. 答：根据《妇女权益保障法》第 77 条规定，侵害妇女合法权益，导致社会公共利益受损的，检察机关可以发出检察建议；有下列情形之一的，检察机关可以依法提起公益诉讼：(1) 确认农村妇女集体经济组织成员身份时侵害妇女权益或者侵害妇女享有的农村土地承包和集体收益、土地征收征用补偿分配权益和宅基地使用权益；(2) 侵害妇女平等就业权益；(3) 相关单位未采取合理措施预防和制止性骚扰；(4) 通过大众传播媒介或者其他方式贬低损害妇女人格；(5) 其他严重侵害妇女权益的情形。

七、人民调解法

（一）判断题

1. 人民调解委员会调解民间纠纷，不收取任何费用。（　　）

2. 当事人可以向人民调解委员会申请调解；人民调解委员会也可以主动调解。当事人一方明确拒绝调解的，也可调解。（　　）

3. 人民调解委员会根据调解纠纷的需要，只能指定一名或者数名人民调解员进行调解。（　　）

4. 人民调解员根据调解纠纷的需要，在征得当事人的同意后，可以邀请当事人的亲属、邻里、同事等参与调解，也可以邀请具有专门知识、特定经验的人员或者有关社会组织的人员参与调解。（　　）

5. 经人民调解委员会调解达成的调解协议，不具有法律约束力。（　　）

6. 经人民调解委员会调解达成调解协议后，当事人之间就调解协议的履行或者调解协议的内容发生争议的，一方当事人不可以向人民法院提起诉讼。（　　）

（二）单项选择题

1. 《人民调解法》所称人民调解，是指（　　）通过说服、疏导等方法，促使当事人在平等协商基础上自愿达成调解协议，解决民间纠纷的活动。

   A. 人民调解委员会　　　　　B. 法院调解组织

   C. 法院　　　　　　　　　　D. 政府部门

2. （　　）负责指导全国的人民调解工作，县级以上地方人民政府司法行政部门负责指导本行政区域的人民调解工作。基层人民法院对人民调解委员会调解民间纠纷进行业务指导。

   A. 最高人民法院　　　　　　B. 国务院司法行政部门

   C. 国务院司法部门　　　　　D. 最高人民检察院

3. 人民调解委员会由委员（　　）组成，设主任 1 人，必要时，可以设副主任若干人。

   A. 3 至 9 人　　　　　　　　B. 3 至 7 人

   C. 5 至 9 人　　　　　　　　D. 5 至 7 人

4. 人民调解员从事调解工作，应当给予适当的（　　）；因从事调解工作致伤致残，生活发生困难的，当地人民政府应当提供必要的医疗、生活救助；在人民调解工作岗位上牺牲的人民调解员，其配偶、子女按照国家规定享受抚恤和优待。

   A. 薪酬补贴　　　　　　　　B. 误工补贴

   C. 酬劳　　　　　　　　　　D. 奖金

5. 人民调解员在调解纠纷过程中，发现纠纷有可能激化的，应当采取有针对性的预防措施；对有可能引起治安案件、刑事案件的纠纷，应当及时向（　　）或者其他有关部门报告。

   A. 当地基层人民法院　　　　B. 当地基层人民检察院

   C. 当地基层人民政府　　　　D. 当地公安机关

6. （　　）应当记录调解情况。人民调解委员会应当建立调解工作档案，将调解登记、调解工作记录、调解协议书等材料立卷归档。

A. 书记员　　　　　　　　B. 人民调解员

C. 法官　　　　　　　　　D. 人民调解委员会主任

7. 经人民调解委员会调解达成调解协议的，可以制作（　　）。

A. 调解协议书　　　　　　B. 新合同协议

C. 调解成功证明　　　　　D. 双方权利义务证明书

（三）多项选择题

1. 人民调解委员会调解民间纠纷，应当遵循哪些原则？（　　）

A. 效率和公平原则

B. 在当事人自愿、平等的基础上进行调解

C. 不违背法律、法规和国家政策

D. 尊重当事人的权利，不得因调解而阻止当事人依法通过仲裁、行政、司法等途径维护自己的权利

2. 人民调解员在调解工作中有下列哪些行为之一的，由其所在的人民调解委员会给予批评教育、责令改正，情节严重的，由推选或者聘任单位予以罢免或者解聘？（　　）

A. 偏袒一方当事人的

B. 侮辱当事人的

C. 索取、收受财物或者牟取其他不正当利益的

D. 泄露当事人的个人隐私、商业秘密的

3. （　　）对适宜通过人民调解方式解决的纠纷，可以在受

理前告知当事人向人民调解委员会申请调解。

A. 仲裁机构 B. 基层人民政府

C. 基层人民法院 D. 公安机关

4. 人民调解员调解纠纷，调解不成的，应当终止调解，并依据有关法律、法规的规定，告知当事人可以依法通过（　　）等途径维护自己的权利。

A. 仲裁 B. 诉讼

C. 行政 D. 司法

5. 人民调解员根据调解纠纷的需要，在征得当事人的同意后，可以邀请当事人的（　　）等参与调解，也可以邀请具有专门知识、特定经验的人员或者有关社会组织的人员参与调解。

A. 亲属 B. 邻里

C. 同事 D. 单位领导

（四）填空题

1. 为了完善____，规范人民调解活动，及时解决民间纠纷，维护社会和谐稳定，根据宪法，制定《人民调解法》。

2. 人民调解委员会是依法设立的调解民间纠纷的____组织。

3. 人民调解委员会应当有____，多民族居住的地区应当有人数较少民族的成员。

4. 调解民间纠纷，应当____、____进行，防止矛盾激化。

5. 人民调解员根据纠纷的不同情况，可以采取多种方式调解民间纠纷，充分听取当事人的陈述，讲解有关法律、法规和国家政策，耐心疏导，在当事人____、____的基础上提出纠纷解决方案，帮助当事人自愿达成调解协议。

6. 口头调解协议自____之日起生效。

7. 经人民调解委员会调解达成调解协议后，双方当事人认为有必要的，可以自调解协议生效之日起____日内共同向人民法院申请司法确认，人民法院应当及时对调解协议进行审查，依法确认调解协议的效力。

8. 人民法院依法确认调解协议有效，一方当事人拒绝履行或者未全部履行的，对方当事人可以向人民法院____。

（五）简答题

1. 简述当事人在人民调解活动中享有的权利和义务。

2. 简述调解协议书可以载明的事项。

参考答案

（一）判断题

1. √，解析：根据《人民调解法》第4条规定。

2. ×，解析：根据《人民调解法》第17条规定，当事人可以向人民调解委员会申请调解；人民调解委员会也可以主动调解。当事人一方明确拒绝调解的，不得调解。

3. ×，解析：根据《人民调解法》第19条规定，人民调解委员会根据调解纠纷的需要，可以指定一名或者数名人民调解员进行调解，也可以由当事人选择一名或者数名人民调解员进行调解。

4. √，解析：根据《人民调解法》第20条规定。

5. ×，解析：根据《人民调解法》第31条第1款规定，经人民调解委员会调解达成的调解协议，具有法律约束力，当事人应当按照约定履行。

6. ×，解析：根据《人民调解法》第32条规定，经人民调解委员会调解达成调解协议后，当事人之间就调解协议的履行或者调解协议的内容发生争议的，一方当事人可以向人民法院提起诉讼。

（二）单项选择题

1. A，解析：根据《人民调解法》第2条规定，本法所称人民调解，是指人民调解委员会通过说服、疏导等方法，促使当事人在平等协商基础上自愿达成调解协议，解决民间纠纷的活动。

2. B，解析：根据《人民调解法》第5条规定，国务院司法行政部门负责指导全国的人民调解工作，县级以上地方人民政府司法行政部门负责指导本行政区域的人民调解工作。基层人民法院对人民调解委员会调解民间纠纷进行业务指导。

3. A，解析：根据《人民调解法》第8条第2款规定，人民调解委员会由委员3至9人组成，设主任1人，必要时，可以设副主任若干人。

4. B，解析：根据《人民调解法》第16条规定，人民调解员从事调解工作，应当给予适当的误工补贴；因从事调解工作致伤致残，生活发生困难的，当地人民政府应当提供必要的医疗、生活救助；在人民调解工作岗位上牺牲的人民调解员，其配偶、子女按照国家规定享受抚恤和优待。

5. D，解析：根据《人民调解法》第25条规定，人民调解员在调解纠纷过程中，发现纠纷有可能激化的，应当采取有针对性的预防措施；对有可能引起治安案件、刑事案件的纠纷，应当及时向当地公安机关或者其他有关部门报告。

6. B，解析：根据《人民调解法》第27条规定，人民调解员应当记录调解情况。人民调解委员会应当建立调解工作档案，将调解登记、调解工作记录、调解协议书等材料立卷归档。

7. A，解析：根据《人民调解法》第28条规定，经人民调解委员会调解达成调解协议的，可以制作调解协议书。当事人认为无需制作调解协议书的，可以采取口头协议方式，人民调解员应当记录协议内容。

（三）多项选择题

1. BCD，解析：根据《人民调解法》第 3 条规定，人民调解委员会调解民间纠纷，应当遵循下列原则：（1）在当事人自愿、平等的基础上进行调解；（2）不违背法律、法规和国家政策；（3）尊重当事人的权利，不得因调解而阻止当事人依法通过仲裁、行政、司法等途径维护自己的权利。

2. ABCD，解析：根据《人民调解法》第 15 条规定，人民调解员在调解工作中有下列行为之一的，由其所在的人民调解委员会给予批评教育、责令改正，情节严重的，由推选或者聘任单位予以罢免或者解聘：（1）偏袒一方当事人的；（2）侮辱当事人的；（3）索取、收受财物或者牟取其他不正当利益的；（4）泄露当事人的个人隐私、商业秘密的。

3. CD，解析：根据《人民调解法》第 18 条规定，基层人民法院、公安机关对适宜通过人民调解方式解决的纠纷，可以在受理前告知当事人向人民调解委员会申请调解。

4. ACD，解析：根据《人民调解法》第 26 条规定，人民调解员调解纠纷，调解不成的，应当终止调解，并依据有关法律、法规的规定，告知当事人可以依法通过仲裁、行政、司法等途径维护自己的权利。

5. ABC，解析：根据《人民调解法》第 20 条第 1 款规定，人民调解员根据调解纠纷的需要，在征得当事人的同意后，可以邀请当事人的亲属、邻里、同事等参与调解，也可以邀请具有专门知识、特定经验的人员或者有关社会组织的人员参与调解。

（四）填空题

1. 人民调解制度。（《人民调解法》第 1 条）

2. 群众性。（《人民调解法》第 7 条）

3. 妇女成员。（《人民调解法》第 8 条）

4. 及时；就地。（《人民调解法》第 21 条）

5. 平等协商；互谅互让。（《人民调解法》第 22 条）

6. 各方当事人达成协议。（《人民调解法》第 30 条）

7. 30。（《人民调解法》第 33 条）

8. 申请强制执行。（《人民调解法》第 33 条）

（五）简答题

1. 答：根据《人民调解法》第 23 条规定，当事人在人民调解活动中享有下列权利：（1）选择或者接受人民调解员；（2）接受调解、拒绝调解或者要求终止调解；（3）要求调解公开进行或者不公开进行；（4）自主表达意愿、自愿达成调解协议。根据《人民调解法》第 24 条规定，当事人在人民调解活动中履行下列义务：（1）如实陈述纠纷事实；（2）遵守调解现场秩序，尊重人民调解员；（3）尊重对方当事人行使权利。

2. 答：根据《人民调解法》第 29 条规定，调解协议书可以载明下列事项：（1）当事人的基本情况；（2）纠纷的主要事实、争议事项以及各方当事人的责任；（3）当事人达成调解协议的内容，履行的方式、期限。调解协议书自各方当事人签名、盖章或者按指印，人民调解员签名并加盖人民调解委员会印章之日起生效。调解协议书由当事人各执一份，人民调解委员会留存一份。

八、刑　法

（一）判断题

1. 对任何人犯罪，在适用法律上一律平等。不允许任何人有超越法律的特权。（　　）

2. 过失犯罪应当负刑事责任。（　　）

3. 已经着手实行犯罪，由于犯罪分子意志以外的原因而未得逞的，是犯罪未遂。（　　）

4. 教唆不满 18 周岁的人犯罪的，应当从重处罚。如果被教唆的人年满 18 岁，对于教唆犯，可以从轻或者减轻处罚。（　　）

5. 被判处拘役的犯罪分子，由公安机关就近执行，执行期间不得回家。（　　）

6. 判处管制附加剥夺政治权利的，剥夺政治权利的期限与管制的期限相等，刑期自管制执行完毕之日起计算。（　　）

7. 用于扶贫和其他公益事业的社会捐助或者专项基金的财产属于公共财产。（　　）

8. 明知是现役军人的配偶而与之同居或者结婚的，处 3 年以下有期徒刑或者拘役。（　　）

9. 虐待罪，告诉的才处理，但被害人没有能力告诉，或者因受到强制、威吓无法告诉的除外。（　　）

（二）单项选择题

1. 外国人在中华人民共和国领域外对（　　）犯罪，而按《刑法》规定的最低刑为 3 年以上有期徒刑的，可以适用《刑法》，但是按照（　　）的法律不受处罚的除外。

   A. 中华人民共和国国家或者公民；犯罪地

   B. 中华人民共和国国家；国籍国

   C. 中华人民共和国公民；中华人民共和国

   D. 中华人民共和国公民；犯罪地

2. 享有外交特权和豁免权的外国人的刑事责任，通过（　　）解决。

   A. 所在国法律　　　　　　B. 外交途径

   C. 犯罪地法律　　　　　　D. 派遣国法律

3. （　　），因而构成犯罪的，是故意犯罪。

   A. 应当预见自己的行为可能发生危害社会的结果，因为疏忽大意而没有预见

   B. 已经预见自己的行为可能发生危害社会的结果，而轻信能够避免

   C. 由于不能抗拒或者不能预见的原因引起的危害社会的结果

   D. 明知自己的行为会发生危害社会的结果，并且希望或者放任这种结果发生

4. （　　）的人，犯故意杀人、故意伤害致人重伤或者死亡、强奸、抢劫、贩卖毒品、放火、爆炸、投放危险物质罪的，应当负刑事责任。

A. 已满 12 周岁　　　　　　B. 不满 16 周岁

C. 已满 14 周岁不满 16 周岁　D. 不满 14 周岁

5. 精神病人在不能辨认或者不能控制自己行为的时候造成危害
　　结果，（　　），不负刑事责任。

A. 有证人可以证明的

B. 有专家或者相关学术观点可以证明的

C. 经法定程序鉴定确认的

D. 获得被害人家属谅解的

6. 对正在进行行凶、（　　）以及其他严重危及人身安全的暴
　　力犯罪，采取防卫行为，造成不法侵害人伤亡的，不属于防
　　卫过当，不负刑事责任。

A. 杀人、抢劫、强奸、绑架

B. 杀人、抢夺、强奸、绑架

C. 杀人、抢夺、强奸、非法拘禁

D. 杀人、抢劫、强奸、非法拘禁

7. 对于被胁迫参加犯罪的，应当按照（　　）减轻处罚或者
　　免除处罚。

A. 他的犯罪情节

B. 集团所犯的全部罪行

C. 他所参与的全部犯罪

D. 能够查明的全部集团所犯罪行

8. 以下不是附加刑的是：（　　）

A. 罚金　　　　　　　　　B. 剥夺政治权利

C. 拘役　　　　　　　　　D. 没收财产

9. 因利用职业便利实施犯罪，或者实施违背职业要求的特定义

务的犯罪被判处刑罚的，人民法院可以根据犯罪情况和预防再犯罪的需要，禁止其自刑罚执行完毕之日或者假释之日起从事相关职业，期限为（   ）。

A. 3 个月至 6 个月   B. 6 个月至 1 年

C. 1 年至 2 年   D. 3 年至 5 年

10. 拘役的期限为（   ）。

 A. 1 个月以上 3 个月以下

 B. 3 个月以上 6 个月以下

 C. 6 个月以上 1 年以下

 D. 1 个月以上 6 个月以下

11. 下列不属于人民法院对被判处死刑缓期执行的犯人限制减刑的情况的是：（   ）

 A. 被判处死刑缓期执行的累犯

 B. 因故意杀人被判处死刑缓期执行的犯罪分子

 C. 因贪污罪被判处死刑缓期执行的犯罪分子

 D. 因有组织的暴力性犯罪被判处死刑缓期执行的犯罪分子

12. 对于不能全部缴纳罚金的，人民法院在（   ）发现被执行人有可以执行的财产，应当（   ）追缴。

 A. 执行期届满后；不得

 B. 执行期届满后；继续

 C. 任何时候；随时

 D. 任何时候；经法院裁定后

13. 犯罪分子虽然不具有《刑法》规定的减轻处罚情节，但是根据案件的特殊情况，经最高人民法院（   ），也可以在法定刑以下判处刑罚。

A. 核准　　　　　　　　B. 批准

C. 判决　　　　　　　　D. 裁决

14. 被判处有期徒刑以上刑罚的犯罪分子，刑罚执行完毕或者赦免以后，在（　　）以内再犯应当判处有期徒刑以上刑罚之罪的，是累犯，应当从重处罚。

A. 2 年　　　　　　　　B. 3 年

C. 5 年　　　　　　　　D. 10 年

15. 对于犯罪分子的减刑，由执行机关向（　　）提出减刑建议书。

A. 最高人民法院　　　　B. 高级人民法院

C. 原审法院的上级人民法院 D. 中级以上人民法院

16. 有期徒刑的假释考验期限，为（　　）；无期徒刑的假释考验期限为（　　）。假释考验期限，从假释之日起计算。

A. 没有执行完毕的刑期；10 年

B. 原判刑期 1/3 的刑期；没有执行完毕的刑期

C. 原判刑期 1/2 的刑期；10 年

D. 10 年；10 年

17. 以暴力干涉他人婚姻自由的，处（　　）以下有期徒刑或者拘役。

A. 1 年　　　　　　　　B. 2 年

C. 3 年　　　　　　　　D. 5 年

18. 虐待家庭成员，情节恶劣的，处 2 年以下有期徒刑、拘役或者管制。犯前款罪，致使被害人（　　）的，处 2 年以上 7 年以下有期徒刑。

A. 轻伤　　　　　　　　B. 重伤

C. 重伤、死亡　　　　　　　　D. 受伤、死亡

19. 对于年老、年幼、患病或者其他没有（　　）的人，负有扶养义务而拒绝扶养，情节恶劣的，处5年以下有期徒刑、拘役或者管制。

A. 独立生活能力　　　　　　B. 工作能力

C. 收入来源　　　　　　　　D. 工作

（三）多项选择题

1. 中华人民共和国刑法的任务，是用刑罚同一切犯罪行为作斗争，以保卫国家安全，保卫人民民主专政的政权和社会主义制度，（　　），保障社会主义建设事业的顺利进行。

A. 保护国有财产和劳动群众集体所有的财产

B. 维护社会秩序、经济秩序

C. 保护公民私人所有的财产

D. 保护公民的人身权利、民主权利和其他权利

2. 一切（　　）的行为，依照法律应当受刑罚处罚的，都是犯罪，但是情节显著轻微危害不大的，不认为是犯罪。

A. 危害国家主权、领土完整和安全

B. 分裂国家、颠覆人民民主专政的政权和推翻社会主义制度

C. 破坏社会秩序和经济秩序

D. 侵犯国有财产或者劳动群众集体所有的财产

3. （　　），因而犯罪的，是故意犯罪。故意犯罪，应当负刑事责任。

A. 明知自己的行为会发生危害社会的结果，并且希望这种

结果发生

B. 已经预见自己的行为可能发生危害社会的结果，但轻信能够避免

C. 明知自己的行为会发生危害社会的结果，并且放任这种结果发生

D. 应当预见自己的行为可能发生危害社会的结果，但因疏忽大意而没有预见

4. 为了犯罪，（　　）的，是犯罪预备。

A. 萌生犯意　　　　　　B. 准备工具

C. 制造条件　　　　　　D. 着手实行

5. （　　）的，是主犯。

A. 组织犯罪集团进行犯罪活动

B. 领导犯罪集团进行犯罪活动

C. 积极参与犯罪集团的犯罪活动

D. 在共同犯罪中起主要作用

6. 对于犯罪的外国人，可以（　　）驱逐出境。

A. 独立适用　　　　　　B. 附加适用

C. 法律另有规定时适用　D. 不得适用

7. 被判处管制的犯罪分子，管制期满，执行机关应即向（　　）宣布解除管制。

A. 本人

B. 受害人或受害人家属

C. 其所在单位或者居住地群众

D. 其近亲属

8. 判处死刑缓期执行的，在死刑缓期执行期间，（　　）。

A. 如果没有故意犯罪，二年期满以后，减为无期徒刑

B. 如果确有重大立功表现，二年期满以后，减为 25 年有期
徒刑

C. 如果确有重大立功表现，二年期满以后，减为 20 年有期
徒刑

D. 如果故意犯罪，情节恶劣的，报请最高人民法院核准后
执行死刑

9. 剥夺政治权利是剥夺（　　　）。

A. 选举权和被选举权

B. 言论、出版、集会、结社、游行、示威自由的权利

C. 担任国家机关职务的权利

D. 担任国有公司、企业、事业单位和人民团体领导职务的
权利

10. 危害（　　）的犯罪分子，在刑罚执行完毕或者赦免以
后，在任何时候再犯上述任一类罪的，都以累犯论处。

A. 国家安全犯罪　　　　　B. 毒品类犯罪

C. 恐怖活动犯罪　　　　　D. 黑社会性质的组织犯罪

11. 对于被判处拘役、3 年以下有期徒刑的犯罪分子，同时符
合（　　）的，可以宣告缓刑。

A. 犯罪情节较轻

B. 有悔罪表现

C. 没有再犯罪的危险

D. 宣告缓刑对所居住社区没有重大不良影响

12. 在（　　）以后，逃避侦查或者审判的，不受追诉期限的
限制。

A. 人民检察院受理案件

B. 人民法院受理案件

C. 公安机关立案侦查

D. 国家安全机关立案侦查

13. 明知是现役军人的配偶而与之同居或者结婚的，处 3 年以下有期徒刑或者拘役。利用（　　）、关系，以胁迫手段奸淫现役军人的妻子的，依照《刑法》第 236 条的规定定罪处罚。

A. 职务　　　　　　　　B. 职权

C. 权力　　　　　　　　D. 从属

14. 下列罪行，告诉才处理的有：（　　）

A. 暴力干涉婚姻自由罪

B. 虐待罪

C. 虐待被监护、看护人罪

D. 遗弃罪

15. 对（　　）等负有监护、看护职责的人虐待被监护、看护的人，情节恶劣的，处 3 年以下有期徒刑或者拘役。

A. 未成年人　　　　　　B. 老年人

C. 患病的人　　　　　　D. 残疾人

（四）填空题

1. 正当防卫____的，应当负刑事责任，但是应当减轻或者免除处罚。

2. 紧急避险____的，应当负刑事责任，但是应当减轻或者免除处罚。

3. 单位犯罪的，对单位判处____，并对其直接负责的主管人员和其他直接责任人员判处刑罚。

4. 附加刑的种类包括：____、____、____。

5. 对于犯罪情节轻微不需要判处刑罚的，可以免予刑事处罚，但是可以根据案件的不同情况，予以训诫或者责令____、____、赔偿损失，或者由主管部门予以行政处罚或者行政处分。

6. 判处罚金，应当根据____决定罚金数额。

7. 没收犯罪分子全部财产的，应当对____及其____保留必需的生活费用。

8. 犯罪分子违法所得的一切财物，应当予以____或者责令____；对被害人的合法财产，应当及时____；违禁品和供犯罪所用的本人财物，应当予以____。没收的财物和罚金，一律上缴国库，不得挪用和自行处理。

9. 在追诉期限以内又犯罪的，前罪追诉的期限从____计算。

10. 《刑法》所称司法工作人员，是指有____、____、____、____职责的工作人员。

11. 有配偶而____的，或者明知他人有配偶而与之____的，处2年以下有期徒刑或者拘役。

12. 单位犯虐待被监护、看护人罪的，对单位判处____，并对其____的主管人员和其他直接责任人员，处3年以下有期徒刑或者拘役。

（五）简答题

1. 简述特殊人员的刑事责任能力。

2. 简述被管制罪犯在执行期间应当遵守的规定。

3. 简述追诉时效期限的延长。

参考答案

（一）判断题

1. √，解析：根据《刑法》第 4 条规定。

2. ×，解析：根据《刑法》第 15 条规定，应当预见自己的行为可能发生危害社会的结果，因为疏忽大意而没有预见，或者已经预见而轻信能够避免，以致发生这种结果的，是过失犯罪。过失犯罪，法律有规定的才负刑事责任。

3. √，解析：根据《刑法》第 23 条规定。

4. ×，解析：根据《刑法》第 29 条规定，教唆他人犯罪的，应当按照他在共同犯罪中所起的作用处罚。教唆不满 18 周岁的人犯罪的，应当从重处罚。如果被教唆的人没有犯被教唆的罪，对于教唆犯，可以从轻或者减轻处罚。

5. ×，解析：根据《刑法》第 43 条规定，被判处拘役的犯罪分子，由公安机关就近执行。在执行期间，被判处拘役的犯罪分子每月可以回家 1 天至 2 天；参加劳动的，可以酌量发给报酬。

6. ×，解析：根据《刑法》第 55 条规定，剥夺政治权利的期限，除本法第 57 条规定外，为 1 年以上 5 年以下。判处管制附加剥夺政治权利的，剥夺政治权利的期限与管制的期限相等，同时执行。

7. √，解析：根据《刑法》第 91 条规定。

8. √，解析：根据《刑法》第 259 条规定。

9. √，解析：根据《刑法》第 260 条规定。

（二）单项选择题

1. A，解析：根据《刑法》第8条规定，外国人在中华人民共和国领域外对中华人民共和国国家或者公民犯罪，而按本法规定的最低刑为3年以上有期徒刑的，可以适用本法，但是按照犯罪地的法律不受处罚的除外。

2. B，解析：根据《刑法》第11条规定，享有外交特权和豁免权的外国人的刑事责任，通过外交途径解决。

3. D，解析：根据《刑法》第14条规定，明知自己的行为会发生危害社会的结果，并且希望或者放任这种结果发生，因而构成犯罪的，是故意犯罪。故意犯罪，应当负刑事责任。

4. C，解析：根据《刑法》第17条第2款规定，已满14周岁不满16周岁的人，犯故意杀人、故意伤害致人重伤或者死亡、强奸、抢劫、贩卖毒品、放火、爆炸、投放危险物质罪的，应当负刑事责任。

5. C，解析：根据《刑法》第18条规定，精神病人在不能辨认或者不能控制自己行为的时候造成危害结果，经法定程序鉴定确认的，不负刑事责任，但是应当责令他的家属或者监护人严加看管和医疗；在必要的时候，由政府强制医疗。间歇性的精神病人在精神正常的时候犯罪，应当负刑事责任。尚未完全丧失辨认或者控制自己行为能力的精神病人犯罪的，应当负刑事责任，但是可以从轻或者减轻处罚。醉酒的人犯罪，应当负刑事责任。

6. A，解析：根据《刑法》第20条规定，为了使国家、公共利益、本人或者他人的人身、财产和其他权利免受正在进行的不法侵害，而采取的制止不法侵害的行为，对不法侵害人造成损害的，属于正当防卫，不负刑事责任。正当防卫明显超过必要限度造成重大损害的，应当负刑事责任，但是应当减轻或者免除处罚。对正在进行行凶、杀人、抢劫、强奸、绑架以及其他严重危及人身安全的暴力犯罪，采取防卫行为，造成不法侵害人伤亡的，不属于防卫过当，不负刑事责任。

7. A，解析：根据《刑法》第 28 条规定，对于被胁迫参加犯罪的，应当按照他的犯罪情节减轻处罚或者免除处罚。

8. C，解析：根据《刑法》第 34 条规定，附加刑的种类如下：（1）罚金；（2）剥夺政治权利；（3）没收财产。附加刑也可以独立适用。

9. D，解析：根据《刑法》第 37 条之一规定，因利用职业便利实施犯罪，或者实施违背职业要求的特定义务的犯罪被判处刑罚的，人民法院可以根据犯罪情况和预防再犯罪的需要，禁止其自刑罚执行完毕之日或者假释之日起从事相关职业，期限为 3 年至 5 年。被禁止从事相关职业的人违反人民法院依照前款规定作出的决定的，由公安机关依法给予处罚；情节严重的，依照本法第 313 条的规定定罪处罚。其他法律、行政法规对其从事相关职业另有禁止或者限制性规定的，从其规定。

10. D，解析：根据《刑法》第 42 条规定，拘役的期限，为 1 个月以上 6 个月以下。

11. C，解析：根据《刑法》第 50 条规定，判处死刑缓期执行的，在死刑缓期执行期间，如果没有故意犯罪，二年期满以后，减为无期徒刑；如果确有重大立功表现，二年期满以后，减为 25 年有期徒刑；如果故意犯罪，情节恶劣的，报请最高人民法院核准后执行死刑；对于故意犯罪未执行死刑的，死刑缓期执行的期间重新计算，并报最高人民法院备案。对被判处死刑缓期执行的累犯以及因故意杀人、强奸、抢劫、绑架、放火、爆炸、投放危险物质或者有组织的暴力性犯罪被判处死刑缓期执行的犯罪分子，人民法院根据犯罪情节等情况可以同时决定对其限制减刑。

12. C，解析：根据《刑法》第 53 条规定，罚金在判决指定的期限内一次或者分期缴纳。期满不缴纳的，强制缴纳。对于不能全部缴纳罚金的，人民法院在任何时候发现被执行人有可以执行的财产，应当随时追缴。由于遭遇不能抗拒的灾祸等原因缴纳确实有困难的，经人民法院裁定，可以延期缴纳、酌情减少或者免除。

13. A，解析：根据《刑法》第 63 条规定，犯罪分子具有本法规定的减轻处罚情节的，应当在法定刑以下判处刑罚；本法规定有数个量刑幅度的，应当在法定量刑幅度的下一个量刑幅度内判处刑罚。犯罪分子虽然不具有本法规定的减轻处罚情节，但是根据案件的特殊情况，经最高人民法院核准，也可以在法定刑以下判处刑罚。

14. C，解析：根据《刑法》第 65 条规定，被判处有期徒刑以上刑罚的犯罪分子，刑罚执行完毕或者赦免以后，在 5 年以内再犯应当判处有期徒刑以上刑罚之罪的，是累犯，应当从重处罚，但是过失犯罪和不满 18 周岁的人犯罪的除外。前款规定的期限，对于被假释的犯罪分子，从假释期满之日起计算。

15. D，解析：根据《刑法》第 79 条规定，对于犯罪分子的减刑，由执行机关向中级以上人民法院提出减刑建议书。人民法院应当组成合议庭进行审理，对确有悔改或者立功事实的，裁定予以减刑。非经法定程序不得减刑。

16. A，解析：根据《刑法》第 83 条规定，有期徒刑的假释考验期限，为没有执行完毕的刑期；无期徒刑的假释考验期限为 10 年。假释考验期限，从假释之日起计算。

17. B，解析：根据《刑法》第 257 条规定，以暴力干涉他人婚姻自由的，处 2 年以下有期徒刑或者拘役。犯前款罪，致使被害人死亡的，处 2 年以上 7 年以下有期徒刑。第一款罪，告诉的才处理。

18. C，解析：根据《刑法》第 260 条规定，虐待家庭成员，情节恶劣的，处 2 年以下有期徒刑、拘役或者管制。犯前款罪，致使被害人重伤、死亡的，处 2 年以上 4 年以下有期徒刑。第一款罪，告诉的才处理，但被害人没有能力告诉，或者因受到强制、威吓无法告诉的除外。

19. A，解析：根据《刑法》第 261 条规定，对于年老、年幼、患病或者其他没有独立生活能力的人，负有扶养义务而拒绝扶养，情节恶劣的，处 5 年以下有期徒刑、拘役或者管制。

（三）多项选择题

1. ABCD，解析：根据《刑法》第 2 条规定，中华人民共和国刑法的任务，是用刑罚同一切犯罪行为作斗争，以保卫国家安全，保卫人民民主专政的政权和社会主义制度，保护国有财产和劳动群众集体所有的财产，保护公民私人所有的财产，保护公民的人身权利、民主权利和其他权利，维护社会秩序、经济秩序，保障社会主义建设事业的顺利进行。

2. ABCD，解析：根据《刑法》第 13 条规定，一切危害国家主权、领土完整和安全，分裂国家、颠覆人民民主专政的政权和推翻社会主义制度，破坏社会秩序和经济秩序，侵犯国有财产或者劳动群众集体所有的财产，侵犯公民私人所有的财产，侵犯公民的人身权利、民主权利和其他权利，以及其他危害社会的行为，依照法律应当受刑罚处罚的，都是犯罪，但是情节显著轻微危害不大的，不认为是犯罪。

3. AC，解析：根据《刑法》第 14 条规定，明知自己的行为会发生危害社会的结果，并且希望或者放任这种结果发生，因而构成犯罪的，是故意犯罪。故意犯罪，应当负刑事责任。

4. BC，解析：根据《刑法》第 22 条规定，为了犯罪，准备工具、制造条件的，是犯罪预备。对于预备犯，可以比照既遂犯从轻、减轻处罚或者免除处罚。

5. ABD，解析：根据《刑法》第 26 条规定，组织、领导犯罪集团进行犯罪活动的或者在共同犯罪中起主要作用的，是主犯。3 人以上为共同实施犯罪而组成的较为固定的犯罪组织，是犯罪集团。对组织、领导犯罪集团的首要分子，按照集团所犯的全部罪行处罚。对于第 3 款规定以外的主犯，应当按照其所参与的或者组织、指挥的全部犯罪处罚。

6. AB，解析：根据《刑法》第 35 条规定，对于犯罪的外国人，可以独立适用或者附加适用驱逐出境。

7. AC，解析：根据《刑法》第 40 条规定，被判处管制的犯罪分子，管制期满，执行机关应即向本人和其所在单位或者居住地的群众宣布解除管制。

8. ABD，解析：根据《刑法》第 50 条规定，判处死刑缓期执行的，在死刑缓期执行期间，如果没有故意犯罪，二年期满以后，减为无期徒刑；如果确有重大立功表现，二年期满以后，减为 25 年有期徒刑；如果故意犯罪，情节恶劣的，报请最高人民法院核准后执行死刑；对于故意犯罪未执行死刑的，死刑缓期执行的期间重新计算，并报最高人民法院备案。对被判处死刑缓期执行的累犯以及因故意杀人、强奸、抢劫、绑架、放火、爆炸、投放危险物质或者有组织的暴力性犯罪被判处死刑缓期执行的犯罪分子，人民法院根据犯罪情节等情况可以同时决定对其限制减刑。

9. ABCD，解析：根据《刑法》第 54 条规定，剥夺政治权利是剥夺下列权利：（1）选举权和被选举权；（2）言论、出版、集会、结社、游行、示威自由的权利；（3）担任国家机关职务的权利；（4）担任国有公司、企业、事业单位和人民团体领导职务的权利。

10. ACD，解析：根据《刑法》第 66 条规定，危害国家安全犯罪、恐怖活动犯罪、黑社会性质的组织犯罪的犯罪分子，在刑罚执行完毕或者赦免以后，在任何时候再犯上述任一类罪的，都以累犯论处。

11. ABCD，解析：根据《刑法》第 72 条规定，对于被判处拘役、3

年以下有期徒刑的犯罪分子，同时符合下列条件的，可以宣告缓刑，对其中不满 18 周岁的人、怀孕的妇女和已满 75 周岁的人，应当宣告缓刑：（1）犯罪情节较轻；（2）有悔罪表现；（3）没有再犯罪的危险；（4）宣告缓刑对所居住社区没有重大不良影响。宣告缓刑，可以根据犯罪情况，同时禁止犯罪分子在缓刑考验期限内从事特定活动，进入特定区域、场所，接触特定的人。被宣告缓刑的犯罪分子，如果被判处附加刑，附加刑仍须执行。

12. BCD，解析：根据《刑法》第 88 条规定，在人民检察院、公安机关、国家安全机关立案侦查或者在人民法院受理案件以后，逃避侦查或者审判的，不受追诉期限的限制。被害人在追诉期限内提出控告，人民法院、人民检察院、公安机关应当立案而不予立案的，不受追诉期限的限制。

13. BD，解析：根据《刑法》第 259 条规定，明知是现役军人的配偶而与之同居或者结婚的，处 3 年以下有期徒刑或者拘役。利用职权、从属关系，以胁迫手段奸淫现役军人的妻子的，依照本法第 236 条的规定定罪处罚。

14. AB，解析：根据《刑法》第 257 条规定，以暴力干涉他人婚姻自由的，处 2 年以下有期徒刑或者拘役。犯前款罪，致使被害人死亡的，处 2 年以上 7 年以下有期徒刑。第一款罪，告诉的才处理。根据《刑法》第 260 条规定，虐待家庭成员，情节恶劣的，处 2 年以下有期徒刑、拘役或者管制。犯前款罪，致使被害人重伤、死亡的，处 2 年以上 4 年以下有期徒刑。第一款罪，告诉的才处理，但被害人没有能力告诉，或者因受到强制、威吓无法告诉的除外。

15. ABCD，解析：根据《刑法》第 260 条之一规定，对未成年人、老年人、患病的人、残疾人等负有监护、看护职责的人虐待被监护、看护的人，情节恶劣的，处 3 年以下有期徒刑或者拘役。

单位犯前款罪的，对单位判处罚金，并对其直接负责的主管人员和其他直接责任人员，依照前款的规定处罚。有第一款行为，同时构成其他犯罪的，依照处罚较重的规定定罪处罚。

（四）填空题

1. 明显超过必要限度造成重大损害。（《刑法》第 20 条）

2. 超过必要限度造成不应有的损害。（《刑法》第 21 条）

3. 罚金。（《刑法》第 31 条）

4. 罚金；剥夺政治权利；没收财产。（《刑法》第 34 条）

5. 具结悔过；赔礼道歉。（《刑法》第 37 条）

6. 犯罪情节。（《刑法》第 52 条）

7. 犯罪分子个人；扶养的家属。（《刑法》第 59 条）

8. 追缴；退赔；返还；没收。（《刑法》第 64 条）

9. 犯后罪之日起。（《刑法》第 89 条）

10. 侦查；检察；审判；监管。（《刑法》第 94 条）

11. 重婚；结婚。（《刑法》第 258 条）

12. 罚金；直接负责。（《刑法》第 260 条之一）

（五）简答题

1. 答：根据《刑法》第 18 条规定，精神病人在不能辨认或者不能控制自己行为的时候造成危害结果，经法定程序鉴定确认的，不负刑事责任，但是应当责令他的家属或者监护人严加看管和医疗；在必要的时候，由政府强制医疗。间歇性的精神病人在精神正常的时候犯罪，应当负刑事责任。尚未完全丧失辨认或者控制自己行为能力的精神病人犯罪的，应当负刑事责任，但是可以从轻或者减轻处罚。醉酒的人犯罪，应当负刑事责任。

2. 答：根据《刑法》第 39 条规定，被判处管制的犯罪分子，在执行期间，应当遵守下列规定：

（1）遵守法律、行政法规，服从监督；

（2）未经执行机关批准，不得行使言论、出版、集会、结社、游行、示威自由的权利；

（3）按照执行机关规定报告自己的活动情况；

（4）遵守执行机关关于会客的规定；

（5）离开所居住的市、县或者迁居，应当报经执行机关批准。对于被判处管制的犯罪分子，在劳动中应当同工同酬。

3. 答：根据《刑法》第 88 条规定，在人民检察院、公安机关、国家安全机关立案侦查或者在人民法院受理案件以后，逃避侦查或者审判的，不受追诉期限的限制。被害人在追诉期限内提出控告，人民法院、人民检察院、公安机关应当立案而不予立案的，不受追诉期限的限制。

九、民事诉讼法

（一）判断题

1. 中华人民共和国民事诉讼法以宪法为根据，结合我国民事审判工作的经验和实际情况制定。（　　）

2. 制裁民事违法行为，保护当事人的合法权益是中华人民共和国民事诉讼法的唯一任务。（　　）

3. 人民法院受理自然人之间、法人之间、其他组织之间以及他们相互之间因财产关系和人身关系提起的民事诉讼，适用《民事诉讼法》的规定。（　　）

4. 外国人、无国籍人、外国企业和组织在人民法院起诉、应诉，同中华人民共和国公民、法人和其他组织有对等的诉讼权利义务。（　　）

5. 人民法院依照法律规定对民事案件进行审判，行政机关可以对审判过程进行干涉。（　　）

6. 各民族公民都应使用汉字进行民事诉讼。（　　）

7. 人民检察院有权对民事诉讼实行法律监督。（　　）

8. 民族自治地方的人民代表大会根据宪法和《民事诉讼法》的原则，结合当地民族的具体情况，可以制定变通或者补充的规定。（　　）

（二）单项选择题

1. 下列哪一选项不属于公众可以查阅的发生法律效力的判决书、裁定书的内容？（　　）

   A. 涉及第三人的内容　　　　B. 涉及诉讼标的额的内容

   C. 涉及商业秘密的内容　　　D. 涉及未成年人的内容

2. 关于《民事诉讼法》的任务，下列哪一说法是错误的？（　　）

   A. 保护当事人行使诉讼权利　B. 及时审理民事案件

   C. 制裁民事违法行为　　　　D. 惩罚犯罪

3. 下列关于民事诉讼的哪一说法是错误的？（　　）

   A. 公民与法人之间因财产关系提起的民事诉讼，应适用《民事诉讼法》的规定

   B. 惩罚犯罪不是民事诉讼的任务

   C. 中华人民共和国民事诉讼法以民法为依据

   D. 凡在中华人民共和国领域内进行民事诉讼，必须遵守《民事诉讼法》

4. 外国人、无国籍人、外国企业和组织在人民法院起诉、应诉，同中华人民共和国公民、法人和其他组织有（　　）的诉讼权利义务。

   A. 相同　　　　　　　　　　B. 不同

   C. 同等　　　　　　　　　　D. 对等

5. 民事诉讼当事人有（　　）的诉讼权利。

   A. 同等　　　　　　　　　　B. 对等

   C. 相同　　　　　　　　　　D. 平等

6. 在少数民族聚居或者多民族共同居住的地区，人民法院应当用下列哪一种语言、文字进行审理和发布法律文书？（　　　）

    A. 汉族的   B. 当地民族的任意一种

    C. 当地民族通用的   D. 法官惯用的

7. 下列哪一主体有权对民事诉讼实行法律监督？（　　　）

    A. 行政机关   B. 全国人民代表大会

    C. 公安机关   D. 人民检察院

（三）多项选择题

1. 下列哪些选项属于《民事诉讼法》的任务？（　　　）

    A. 保证人民法院查明事实   B. 正确适用法律

    C. 确认民事权利义务关系   D. 保护当事人的合法权益

2. 下列哪些民事诉讼应适用《民事诉讼法》的规定？（　　　）

    A. 自然人之间因财产关系提起的民事诉讼

    B. 公民之间因人身关系提起的民事诉讼

    C. 自然人与法人之间因财产关系提起的民事诉讼

    D. 法人与其他组织之间因财产关系提起的民事诉讼

3. 人民法院依照法律规定对民事案件独立进行审判，不受（　　　）的干涉。

    A. 行政机关   B. 社会团体

    C. 个人   D. 司法机关

4. 人民法院审理民事案件，依照法律规定实行下列哪些制度？（　　　）

    A. 合议   B. 回避

    C. 公开审判　　　　　　　D. 两审终审

5. 人民法院审理民事案件时，下列哪些人有权辩论？（　　　）

    A. 原告　　　　　　　　　B. 被告

    C. 书记员　　　　　　　　D. 法官

6. 下列哪些主体对损害国家、集体或者个人民事权益的行为，可以支持受损害的单位或者个人向人民法院起诉？（　　　）

    A. 机关　　　　　　　　　B. 社会团体

    C. 企业事业单位　　　　　D. 人民检察院

（四）填空题

1. 中华人民共和国民事诉讼法以____为根据，结合我国民事审判工作的经验和实际情况制定。

2. 中华人民共和国民事诉讼法的任务，是保护当事人行使____，保证人民法院查明事实，分清是非，____法律，____民事案件，确认民事权利义务关系，制裁民事违法行为，保护当事人的合法权益，教育公民自觉遵守法律，维护社会秩序、经济秩序，保障社会主义建设事业顺利进行。

3. 人民法院受理____之间、____之间、____之间以及他们相互之间因财产关系和人身关系提起的民事诉讼，适用《民事诉讼法》的规定。

4. 民事案件的审判权由____行使。人民法院依照法律规定对民事案件独立进行审判，不受____、____和____的干涉。

5. 人民法院审理民事案件，必须以____为根据，以____为准绳。

6. 人民法院审理民事案件，应当根据____和____的原则进行调解；调解不成的，应当____判决。

7. 当事人有权在法律规定的范围内处分自己的____权利和____权利。

8. 机关、社会团体、企业事业单位对损害____、____或者____民事权益的行为，可以支持受损害的单位或者个人向人民法院起诉。

（五）简答题

1. 简述同等原则和对等原则的含义。
2. 简述民事诉讼中的支持起诉原则。

参考答案

（一）判断题

1. √，解析：根据《民事诉讼法》第 1 条规定。

2. ×，解析：根据《民事诉讼法》第 2 条规定，中华人民共和国民事诉讼法的任务，是保护当事人行使诉讼权利，保证人民法院查明事实，分清是非，正确适用法律，及时审理民事案件，确认民事权利义务关系，制裁民事违法行为，保护当事人的合法权益，教育公民自觉遵守法律，维护社会秩序、经济秩序，保障社会主义建设事业顺利进行。

3. ×，解析：根据《民事诉讼法》第 3 条规定，人民法院受理公民之间、法人之间、其他组织之间以及他们相互之间因财产关系和人身关系提起的民事诉讼，适用本法的规定。

4. ×，解析：根据《民事诉讼法》第 5 条第 1 款规定，外国人、无国籍人、外国企业和组织在人民法院起诉、应诉，同中华人民共和国公民、法人和其他组织有同等的诉讼权利义务。

5. ×，解析：根据《民事诉讼法》第 6 条第 2 款规定，人民法院依照法律规定对民事案件独立进行审判，不受行政机关、社会团体和个人的干涉。

6. ×，解析：根据《民事诉讼法》第 11 条第 1 款规定，各民族公民都有用本民族语言、文字进行民事诉讼的权利。

7. √，解析：根据《民事诉讼法》第 14 条规定。

8. √，解析：根据《民事诉讼法》第 17 条规定。

（二）单项选择题

1. C，解析：根据《民事诉讼法》第 159 条规定，公众可以查阅发生法律效力的判决书、裁定书，但涉及国家秘密、商业秘密和个人隐私的内容除外。

2. D，解析：根据《民事诉讼法》第 2 条规定，中华人民共和国民事诉讼法的任务，是保护当事人行使诉讼权利，保证人民法院查明事实，分清是非，正确适用法律，及时审理民事案件，确认民事权利义务关系，制裁民事违法行为，保护当事人的合法权益，教育公民自觉遵守法律，维护社会秩序、经济秩序，保障社会主义建设事业顺利进行。

3. C，解析：根据《民事诉讼法》第 1 条规定，中华人民共和国民事诉讼法以宪法为根据，结合我国民事审判工作的经验和实际情况制定。

4. C，解析：根据《民事诉讼法》第 5 条第 1 款规定，外国人、无国籍人、外国企业和组织在人民法院起诉、应诉，同中华人民共和国公民、法人和其他组织有同等的诉讼权利义务。

5. D，解析：根据《民事诉讼法》第 8 条规定，民事诉讼当事人有平等的诉讼权利。人民法院审理民事案件，应当保障和便利当事人行使诉讼权利，对当事人在适用法律上一律平等。

6. C，解析：根据《民事诉讼法》第11条第2款规定，在少数民族聚居或者多民族共同居住的地区，人民法院应当用当地民族通用的语言、文字进行审理和发布法律文书。

7. D，解析：根据《民事诉讼法》度14条规定，人民检察院有权对民事诉讼实行法律监督。

（三）多项选择题

1. ABCD，解析：根据《民事诉讼法》第2条规定，中华人民共和国民事诉讼法的任务，是保护当事人行使诉讼权利，保证人民法院查明事实，分清是非，正确适用法律，及时审理民事案件，确认民事权利义务关系，制裁民事违法行为，保护当事人的合法权益，教育公民自觉遵守法律，维护社会秩序、经济秩序，保障社会主义建设事业顺利进行。

2. BD，解析：根据《民事诉讼法》第3条规定，人民法院受理公民之间、法人之间、其他组织之间以及他们相互之间因财产关系和人身关系提起的民事诉讼，适用本法的规定。

3. ABC，解析：根据《民事诉讼法》第6条第2款规定，人民法院依照法律规定对民事案件独立进行审判，不受行政机关、社会团体和个人的干涉。

4. ABCD，解析：根据《民事诉讼法》第10条规定，人民法院审理民事案件，依照法律规定实行合议、回避、公开审判和两审终审制度。

5. AB，解析：根据《民事诉讼法》第12条规定，人民法院审理民事案件时，当事人有权进行辩论。

6. ABC，解析：根据《民事诉讼法》第15条规定，机关、社会团体、企业事业单位对损害国家、集体或者个人民事权益的行为，可以支持受损害的单位或者个人向人民法院起诉。

（四）填空题

1. 宪法。（《民事诉讼法》第1条）

2. 诉讼权利；正确适用；及时审理。(《民事诉讼法》第 2 条)

3. 公民；法人；其他组织。(《民事诉讼法》第 3 条)

4. 人民法院；行政机关；社会团体；个人。(《民事诉讼法》第 6 条)

5. 事实；法律。(《民事诉讼法》第 7 条)

6. 自愿；合法；及时。(《民事诉讼法》第 9 条)

7. 民事；诉讼。(《民事诉讼法》第 13 条)

8. 国家；集体；个人。(《民事诉讼法》第 15 条)

(五) 简答题

1. 答：根据《民事诉讼法》第 5 条规定，同等原则是指外国人、无国籍人、外国企业和组织在人民法院起诉、应诉，同中华人民共和国公民、法人和其他组织有同等的诉讼权利义务。对等原则是指外国法院对中华人民共和国公民、法人和其他组织的民事诉讼权利加以限制的，中华人民共和国人民法院对该国公民、企业和组织的民事诉讼权利，实行对等原则。

2. 答：根据《民事诉讼法》第 15 条规定，机关、社会团体、企业事业单位对损害国家、集体或者个人民事权益的行为，可以支持受损害的单位或者个人向人民法院起诉。

十、法律援助法

（一）判断题

1. 为了规范和促进法律援助工作，保障公民和有关当事人的合法权益，保障法律正确实施，维护社会公平正义，制定《法律援助法》。（　　）

2. 市级以上人民政府应当将法律援助工作纳入国民经济和社会发展规划、基本公共服务体系，保障法律援助事业与经济社会协调发展。（　　）

3. 司法行政部门应当开展经常性的法律援助宣传教育，普及法律援助知识。（　　）

4. 国家鼓励和规范法律援助志愿服务；支持符合条件的个人作为法律援助志愿者，依法提供法律援助。（　　）

5. 法律援助人员应当恪守职业道德和执业纪律，可以向受援人收取必要的费用。（　　）

6. 法律援助机构应当通过服务窗口、电话、网络等多种方式提供法律咨询服务；提示当事人享有依法申请法律援助的权利，并告知申请法律援助的条件和程序。（　　）

7. 人民法院、人民检察院、公安机关通知法律援助机构指派律师担任辩护人时，不得限制或者损害犯罪嫌疑人、被告人委托辩护人的权利。（　　）

8. 值班律师应当依法为所有的犯罪嫌疑人、被告人提供法律咨

询、程序选择建议、申请变更强制措施、对案件处理提出意
见等法律帮助。（　　）

9. 经济困难的标准，由设区的市、自治州人民政府根据本行政
区域经济发展状况和法律援助工作需要确定，并实行动态调
整。（　　）

10. 犯罪嫌疑人、被告人通过值班律师提出代理、刑事辩护等
法律援助申请的，值班律师应当在 24 小时内将申请转交法
律援助机构。（　　）

11. 被羁押的犯罪嫌疑人、被告人、服刑人员，以及强制隔离
戒毒人员，应当由其法定代理人或者近亲属代为提出法律
援助申请。（　　）

12. 法律援助机构为老年人、残疾人提供法律援助服务的，应
当根据实际情况提供无障碍设施设备和服务。（　　）

13. 法律援助人员应当按照规定向受援人通报法律援助事项办
理情况，不得损害受援人权益。（　　）

14. 申请人、受援人对法律援助机构不予法律援助、终止法律
援助的决定有异议的，可以向设立该法律援助机构的司法
行政部门提出。（　　）

15. 国家加强法律援助信息化建设，促进司法行政部门与审判
机关及其他有关部门实现信息共享和工作协同。（　　）

16. 法律援助机构应当依照有关规定及时向法律援助人员支付
法律援助补贴。（　　）

17. 法律援助机构、法律援助人员未依法履行职责的，受援人
可以向司法行政部门投诉，并可以请求法律援助机构更换
法律援助人员。（　　）

18. 司法行政部门、法律援助机构应当建立法律援助信息公开制度，不定期向社会公布法律援助资金使用、案件办理、质量考核结果等情况，接受社会监督。（　　）

19. 违反《法律援助法》规定，冒用法律援助名义提供法律服务并谋取利益的，由司法行政部门责令改正，没收违法所得，并处违法所得 3 倍以上 5 倍以下罚款。（　　）

（二）单项选择题

1. 国家鼓励和支持群团组织、事业单位、社会组织在（　　）指导下，依法提供法律援助。

　　A. 人民法院　　　　　　　　B. 人民检察院

　　C. 公安机关　　　　　　　　D. 司法行政部门

2. 法律援助机构根据（　　）需要，可以安排本机构具有律师资格或者法律职业资格的工作人员提供法律援助。

　　A. 职责　　　　　　　　　　B. 工作

　　C. 现实　　　　　　　　　　D. 任务

3. 司法行政部门可以通过（　　）等方式，择优选择律师事务所等法律服务机构为受援人提供法律援助。

　　A. 政府采购　　　　　　　　B. 政府采买

　　C. 政府购买　　　　　　　　D. 政府招标

4. 国家建立健全法律服务资源依法跨区域流动机制，鼓励和支持律师事务所、律师、法律援助志愿者等在法律服务资源（　　）地区提供法律援助。

　　A. 相对匮乏　　　　　　　　B. 相对短缺

　　C. 极度匮乏　　　　　　　　D. 极度短缺

5. 刑事案件的犯罪嫌疑人、被告人因经济困难或者其他原因没有委托辩护人的，本人及（ ）可以向法律援助机构申请法律援助。

A. 其近亲属　　　　　　　　　B. 其所在居（村）委会

C. 其所在单位　　　　　　　　D. 其所在地的民政部门

6. 对可能被判处无期徒刑、死刑的人，以及死刑复核案件的被告人，法律援助机构收到人民法院、人民检察院、公安机关通知后，应当指派具有（ ）以上相关执业经历的律师担任辩护人。

A. 1 年　　　　　　　　　　　B. 2 年

C. 3 年　　　　　　　　　　　D. 5 年

7. 人民法院、人民检察院、公安机关办理刑事案件，发现强制医疗案件的被申请人没有委托诉讼代理人的，应当在（ ）内通知法律援助机构指派律师。

A. 1 日　　　　　　　　　　　B. 2 日

C. 3 日　　　　　　　　　　　D. 5 日

8. 对诉讼事项的法律援助，由申请人向（ ）的法律援助机构提出申请。

A. 争议处理机关所在地　　　　B. 事由发生地

C. 申请人住所地　　　　　　　D. 办案机关所在地

9. 被羁押的犯罪嫌疑人、被告人、服刑人员，以及强制隔离戒毒人员等提出法律援助申请的，办案机关、监管场所应当在（ ）内将申请转交法律援助机构。

A. 8 小时　　　　　　　　　　B. 12 小时

C. 24 小时　　　　　　　　　　D. 48 小时

10. 法律援助机构应当自收到法律援助申请之日起 7 日内进行
（　　），作出是否给予法律援助的决定。

    A. 审查   B. 审核

    C. 审批   D. 检查

11. 司法行政部门应当自收到异议之日起（　　）内进行审
查，作出维持法律援助机构决定或者责令法律援助机构改
正的决定。

    A. 1 日   B. 2 日

    C. 3 日   D. 5 日

12. （　　）应当有计划地对法律援助人员进行培训，提高法
律援助人员的专业素质和服务能力。

    A. 县级以上人民政府司法行政部门

    B. 县级以上人民政府

    C. 市级以上人民政府司法行政部门

    D. 市级以上人民政府

13. 法律援助受援人以欺骗或者其他不正当手段获得法律援助
的，由司法行政部门责令其支付已实施法律援助的费用，
并处（　　）以下罚款。

    A. 1000 元   B. 2000 元

    C. 3000 元   D. 4000 元

（三）多项选择题

1. 下列关于法律援助的说法正确是：（　　）

    A. 国务院司法行政部门指导、监督全国的法律援助工作

    B. 县级以上地方人民政府司法行政部门指导、监督本行政

区域的法律援助工作

C. 县级以上人民政府其他有关部门依照各自职责，为法律援助工作提供支持和保障

D. 律师协会应当指导和支持律师事务所、律师参与法律援助工作

2. 法律援助机构负责组织实施法律援助工作，受理、审查法律援助申请，指派（　　　）等法律援助人员提供法律援助，支付法律援助补贴。

A. 律师　　　　　　　　　B. 法官、检察官

C. 基层法律服务工作者　　D. 法律援助志愿者

3. 法律援助机构可以在（　　　）等场所派驻值班律师，依法为没有辩护人的犯罪嫌疑人、被告人提供法律援助。

A. 人民法院　　　　　　　B. 人民检察院

C. 公安机关　　　　　　　D. 看守所

4. 负有依法提供法律援助的义务的机构和个人有：（　　　）

A. 律师事务所　　　　　　B. 基层法律服务所

C. 律师　　　　　　　　　D. 基层法律服务工作者

5. 法律援助机构、法律援助人员对提供法律援助过程中知悉的（　　　）应当予以保密。

A. 国家秘密　　　　　　　B. 商业秘密

C. 个人隐私　　　　　　　D. 违法信息

6. 刑事案件的犯罪嫌疑人、被告人属于（　　　），没有委托辩护人的，人民法院、人民检察院、公安机关应当通知法律援助机构指派律师担任辩护人。

A. 未成年人

B. 视力、听力、言语残疾人

C. 不能完全辨认自己行为的成年人

D. 可能被判处无期徒刑、死刑的人

7. 当事人申请法律援助的，不受经济困难条件的限制的情形
有：（　　　）

A. 英雄烈士近亲属为维护英雄烈士的人格权益

B. 因见义勇为行为主张相关民事权益

C. 再审改判无罪请求国家赔偿

D. 遭受虐待、遗弃或者家庭暴力的受害人主张相关权益

8. 人民法院、人民检察院、公安机关应当保障值班律师依法提
供法律帮助，告知没有辩护人的犯罪嫌疑人、被告人有权约
见值班律师，并依法为值班律师（　　　）等提供便利。

A. 了解案件有关情况　　　　B. 阅卷

C. 会见　　　　　　　　　　D. 提出上诉

9. 下列关于法律援助的说法正确的是：（　　　）

A. 因经济困难申请法律援助的，申请人应当如实说明经济
困难状况

B. 法律援助机构核查申请人的经济困难状况，可以通过信
息共享查询

C. 法律援助机构核查申请人的经济困难状况，可以由申请
人进行个人诚信承诺

D. 法律援助机构开展核查工作，有关部门、单位、村民委
员会、居民委员会和个人应当予以配合

10. 法律援助人员接受指派后，无正当理由不得（　　　）提供
法律援助服务。

    A. 中止　　　　　　　　B. 终止

    C. 拖延　　　　　　　　D. 拒绝

11. 法律援助补贴免征（　　　）。

    A. 营业税　　　　　　　B. 企业所得税

    C. 增值税　　　　　　　D. 个人所得税

12. 人民法院应当根据情况对法律援助受援人（　　　）诉讼费用。

    A. 缓收　　　　　　　　B. 减收

    C. 免收　　　　　　　　D. 收取

13. 法律援助机构应当综合运用（　　　）等措施，督促法律援助人员提升服务质量。

    A. 庭审旁听　　　　　　B. 案卷检查

    C. 征询司法机关意见　　D. 回访受援人

14. 律师、基层法律服务工作者（　　　），由司法行政部门依法给予处罚。

    A. 无正当理由拒绝履行法律援助义务或者怠于履行法律援助义务

    B. 擅自终止提供法律援助

    C. 收取受援人财物

    D. 泄露法律援助过程中知悉的国家秘密、商业秘密和个人隐私

（四）填空题

1. 法律援助，是国家建立的为＿＿＿公民和符合法定条件的其他当事人＿＿＿提供＿＿＿等法律服务的制度，是公共法律服务体

系的组成部分。

2. 法律援助工作坚持____领导，坚持以____为中心，尊重和保障人权，遵循____的原则，实行国家保障与社会参与相结合。

3. 县级以上人民政府应当健全法律援助保障体系，将法律援助相关经费列入本级政府____，建立____调整机制，保障法律援助工作需要，促进法律援助均衡发展。

4. 国家鼓励和支持企业事业单位、社会组织和个人等____，依法通过____等方式为法律援助事业提供支持；对符合条件的，给予____优惠。

5. 律师事务所、基层法律服务所应当____本所律师、基层法律服务工作者履行法律援助义务。

6. 法律援助人员应当依法履行职责，及时为受援人提供符合____的法律援助服务，维护受援人的____权益。

7. 强制医疗案件的被申请人或者被告人没有委托诉讼代理人的，____应当通知法律援助机构指派____为其提供法律援助。

8. 刑事公诉案件的被害人及其____或者近亲属，刑事自诉案件的自诉人及其法定代理人，刑事附带民事诉讼案件的原告人及其法定代理人，因____没有委托诉讼代理人的，____向法律援助机构申请法律援助。

9. 当事人不服司法机关生效裁判或者决定____或者____，人民法院决定、裁定再审或者人民检察院____，因经济困难没有委托辩护人或者诉讼代理人的，本人及其近亲属可以向法律援助机构申请法律援助。

10. 无民事行为能力人或者限制民事行为能力人需要法律援助的，＿＿＿由其法定代理人代为提出申请。

11. 申请人提交的申请材料不齐全的，法律援助机构应当＿＿＿告知申请人需要补充的材料或者要求申请人作出说明。申请人未按要求补充材料或者作出说明的，＿＿＿撤回申请。

12. 受援人应当向法律援助人员＿＿＿与法律援助事项有关的情况，及时提供＿＿＿，协助、配合办理法律援助事项。

13. 申请人、受援人对司法行政部门维持法律援助机构决定不服的，可以依法申请＿＿＿或者提起＿＿＿。

14. 法律援助事项办理结束后，法律援助人员应当及时向法律援助机构报告，提交有关法律文书的＿＿＿、＿＿＿等材料。

15. 公证机构、司法鉴定机构应当对法律援助受援人＿＿＿或者＿＿＿公证费、鉴定费。

16. 律师协会应当将律师事务所、律师履行法律援助义务的情况纳入＿＿＿考核内容，对＿＿＿或者＿＿＿法律援助义务的律师事务所、律师，依照有关规定进行＿＿＿。

17. 对外国人和＿＿＿提供法律援助，我国法律有规定的，适用法律规定；我国法律没有规定的，可以根据我国缔结或者参加的＿＿＿，或者按照＿＿＿原则，参照适用《法律援助法》的相关规定。

（五）简答题

1. 简述法律援助机构可以组织法律援助人员依法提供法律援助服务的形式。

2. 简述当事人因经济困难没有委托代理人可以向法律援助机构

申请法律援助的事项。

3. 简述法律援助申请人免予核查经济困难状况的情形。

4. 简述法律援助机构收到法律援助申请后,可以决定先行提供法律援助的情形。

5. 简述法律援助机构应当作出终止法律援助的决定的情形。

6. 简述法律援助机构及其工作人员应当承担法律责任的情形。

参考答案

(一)判断题

1. √,解析:根据《法律援助法》第1条规定。

2. ×,解析:根据《法律援助法》第4条第1款规定,县级以上人民政府应当将法律援助工作纳入国民经济和社会发展规划、基本公共服务体系,保障法律援助事业与经济社会协调发展。

3. √,解析:根据《法律援助法》第10条规定。

4. √,解析:根据《法律援助法》第17条规定。

5. ×,解析:根据《法律援助法》第20条规定,法律援助人员应当恪守职业道德和执业纪律,不得向受援人收取任何财物。

6. √,解析:根据《法律援助法》第23条规定。

7. √,解析:根据《法律援助法》第27条规定。

8. ×,解析:根据《法律援助法》第30条规定,值班律师应当依法为没有辩护人的犯罪嫌疑人、被告人提供法律咨询、程序选择建议、申请变更强制措施、对案件处理提出意见等法律帮助。

9. ×,解析:根据《法律援助法》第34条规定,经济困难的标准,由省、自治区、直辖市人民政府根据本行政区域经济发展状况和法律援助工作需要确定,并实行动态调整。

10. √,解析:根据《法律援助法》第39条规定。

11. ×，解析：根据《法律援助法》第 40 条第 2 款规定，被羁押的犯罪嫌疑人、被告人、服刑人员，以及强制隔离戒毒人员，可以由其法定代理人或者近亲属代为提出法律援助申请。

12. √，解析：根据《法律援助法》第 45 条规定。

13. ×，解析：根据《法律援助法》第 46 条第 2 款规定，法律援助人员应当按照规定向受援人通报法律援助事项办理情况，不得损害受援人合法权益。

14. √，解析：根据《法律援助法》第 49 条规定。

15. ×，解析：根据《法律援助法》第 51 条规定，国家加强法律援助信息化建设，促进司法行政部门与司法机关及其他有关部门实现信息共享和工作协同。

16. √，解析：根据《法律援助法》第 52 条规定。

17. √，解析：根据《法律援助法》第 55 条规定。

18. ×，解析：根据《法律援助法》第 58 条规定，司法行政部门、法律援助机构应当建立法律援助信息公开制度，定期向社会公布法律援助资金使用、案件办理、质量考核结果等情况，接受社会监督。

19. ×，解析：根据《法律援助法》第 65 条规定，违反本法规定，冒用法律援助名义提供法律服务并谋取利益的，由司法行政部门责令改正，没收违法所得，并处违法所得 1 倍以上 3 倍以下罚款。

（二）单项选择题

1. D，解析：根据《法律援助法》第 8 条规定，国家鼓励和支持群团组织、事业单位、社会组织在司法行政部门指导下，依法提供法律援助。

2. B，解析：根据《法律援助法》第 13 条规定，法律援助机构根据工作需要，可以安排本机构具有律师资格或者法律职业资格的工作人员提供法律援助；可以设置法律援助工作站或者联络点，就近受理法律援助申请。

3. A，解析：根据《法律援助法》第 15 条规定，司法行政部门可以通过政府采购等方式，择优选择律师事务所等法律服务机构为受援人提供法律援助。

4. B，解析：根据《法律援助法》第 18 条规定，国家建立健全法律服务资源依法跨区域流动机制，鼓励和支持律师事务所、律师、法律援助志愿者等在法律服务资源相对短缺地区提供法律援助。

5. A，解析：根据《法律援助法》第 24 条规定，刑事案件的犯罪嫌疑人、被告人因经济困难或者其他原因没有委托辩护人的，本人及其近亲属可以向法律援助机构申请法律援助。

6. C，解析：根据《法律援助法》第 26 条规定，对可能被判处无期徒刑、死刑的人，以及死刑复核案件的被告人，法律援助机构收到人民法院、人民检察院、公安机关通知后，应当指派具有 3 年以上相关执业经历的律师担任辩护人。

7. C，解析：根据《法律援助法》第 36 条规定，人民法院、人民检察院、公安机关办理刑事案件，发现有本法第 25 条第 1 款、第 28 条规定情形的，应当在 3 日内通知法律援助机构指派律师。法律援助机构收到通知后，应当在 3 日内指派律师并通知人民法院、人民检察院、公安机关。根据第 28 条规定，强制医疗案件的被申请人或者被告人没有委托诉讼代理人的，人民法院应当通知法律援助机构指派律师为其提供法律援助。

8. D，解析：根据《法律援助法》第 38 条规定，对诉讼事项的法律援助，由申请人向办案机关所在地的法律援助机构提出申请；对非诉讼事项的法律援助，由申请人向争议处理机关所在地或者事由发生地的法律援助机构提出申请。

9. C，解析：根据《法律援助法》第 39 条第 1 款规定，被羁押的犯罪嫌疑人、被告人、服刑人员，以及强制隔离戒毒人员等提出法律援助申请的，办案机关、监管场所应当在 24 小时内将申请转交法律援助机构。

10. A，解析：根据《法律援助法》第 43 条第 1 款规定，法律援助机构应当自收到法律援助申请之日起 7 日内进行审查，作出是否给予法律援助的决定。决定给予法律援助的，应当自作出决定之日起 3 日内指派法律援助人员为受援人提供法律援助；决定不给予法律援助的，应当书面告知申请人，并说明理由。

11. D，解析：根据《法律援助法》第 49 条第 2 款规定，司法行政部门应当自收到异议之日起 5 日内进行审查，作出维持法律援助机构决定或者责令法律援助机构改正的决定。

12. A，解析：根据《法律援助法》第 54 条规定，县级以上人民政府司法行政部门应当有计划地对法律援助人员进行培训，提高法律援助人员的专业素质和服务能力。

13. C，解析：根据《法律援助法》第 64 条规定，受援人以欺骗或者其他不正当手段获得法律援助的，由司法行政部门责令其支付已实施法律援助的费用，并处 3000 元以下罚款。

（三）多项选择题

1. ABCD，解析：根据《法律援助法》第 5 条规定，国务院司法行政部门指导、监督全国的法律援助工作。县级以上地方人民政府司法行政部门指导、监督本行政区域的法律援助工作。县级以上人民政府其他有关部门依照各自职责，为法律援助工作提供支持和保障。根据第 7 条规定，律师协会应当指导和支持律师事务所、律师参与法律援助工作。

2. ACD，解析：根据《法律援助法》第 12 条规定，县级以上人民政府司法行政部门应当设立法律援助机构。法律援助机构负责组织实施法律援助工作，受理、审查法律援助申请，指派律师、基层法律服务工作者、法律援助志愿者等法律援助人员提供法律援助，支付法律援助补贴。

3. ABD，解析：根据《法律援助法》第 14 条规定，法律援助机构可以在人民法院、人民检察院和看守所等场所派驻值班律师，依法为没有辩护人的犯罪嫌疑人、被告人提供法律援助。

4. ABCD，解析：根据《法律援助法》第 16 条第 1 款规定，律师事务所、基层法律服务所、律师、基层法律服务工作者负有依法提供法律援助的义务。

5. ABC，解析：根据《法律援助法》第 21 条规定，法律援助机构、法律援助人员对提供法律援助过程中知悉的国家秘密、商业秘密和个人隐私应当予以保密。

6. ABCD，解析：根据《法律援助法》第 25 条第 1 款规定，刑事案件的犯罪嫌疑人、被告人属于下列人员之一，没有委托辩护人的，人民法院、人民检察院、公安机关应当通知法律援助机构指派律师担任辩护人：（1）未成年人；（2）视力、听力、言语残疾人；（3）不能完全辨认自己行为的成年人；（4）可能被判处无期徒刑、死刑的人；（5）申请法律援助的死刑复核案件被告人；（6）缺席审判案件的被告人；（7）法律法规规定的其他人员。

7. ABCD，解析：根据《法律援助法》第 32 条规定，有下列情形之一，当事人申请法律援助的，不受经济困难条件的限制：（1）英雄烈士近亲属为维护英雄烈士的人格权益；（2）因见义勇为行为主张相关民事权益；（3）再审改判无罪请求国家赔偿；（4）遭受虐待、遗弃或者家庭暴力的受害人主张相关权益；（5）法律、法规、规章规定的其他情形。

8. ABC，解析：根据《法律援助法》第 37 条规定，人民法院、人民检察院、公安机关应当保障值班律师依法提供法律帮助，告知没有辩护人的犯罪嫌疑人、被告人有权约见值班律师，并依法为值班律师了解案件有关情况、阅卷、会见等提供便利。

9. ABCD，解析：根据《法律援助法》第 41 条规定，因经济困难申请法律援助的，申请人应当如实说明经济困难状况。法律援助机构核查申请人的经济困难状况，可以通过信息共享查询，或者由申请人进行个人诚信承诺。法律援助机构开展核查工作，有关部门、单位、村民委员会、居民委员会和个人应当予以配合。

10. BCD，解析：根据《法律援助法》第 46 条第 1 款规定，法律援助人员接受指派后，无正当理由不得拒绝、拖延或者终止提供法律援助服务。

11. CD，解析：根据《法律援助法》第 52 条第 3 款规定，法律援助补贴免征增值税和个人所得税。

12. ABC，解析：根据《法律援助法》第 53 条第 1 款规定，人民法院应当根据情况对受援人缓收、减收或者免收诉讼费用；对法律援助人员复制相关材料等费用予以免收或者减收。

13. ABCD，解析：根据《法律援助法》第 59 条规定，法律援助机构应当综合运用庭审旁听、案卷检查、征询司法机关意见和回访受援人等措施，督促法律援助人员提升服务质量。

14. ABCD，解析：根据《法律援助法》第 63 条规定，律师、基层法律服务工作者有下列情形之一的，由司法行政部门依法给予处罚：（1）无正当理由拒绝履行法律援助义务或者怠于履行法律援助义务；（2）擅自终止提供法律援助；（3）收取受援人财物；（4）泄露法律援助过程中知悉的国家秘密、商业秘密和个人隐私；（5）法律法规规定的其他情形。

（四）填空题

1. 经济困难；无偿；法律咨询、代理、刑事辩护。（《法律援助法》第 2 条）

2. 中国共产党；人民；公开、公平、公正。（《法律援助法》第 3 条）

3. 预算；动态。（《法律援助法》第 4 条）

4. 社会力量；捐赠；税收。（《法律援助法》第 9 条）

5. 支持和保障。（《法律援助法》第 16 条）

6. 标准；合法。（《法律援助法》第 19 条）

7. 人民法院；律师。（《法律援助法》第 28 条）

8. 法定代理人；经济困难；可以。(《法律援助法》第 29 条)

9. 提出申诉；申请再审；提出抗诉。(《法律援助法》第 33 条)

10. 可以。(《法律援助法》第 40 条)

11. 一次性；视为。(《法律援助法》第 43 条)

12. 如实陈述；证据材料。(《法律援助法》第 47 条)

13. 行政复议；行政诉讼。(《法律援助法》第 49 条)

14. 副本或者复印件；办理情况报告。(《法律援助法》第 50 条)

15. 减收；免收。(《法律援助法》第 53 条)

16. 年度；拒不履行；怠于履行；惩戒。(《法律援助法》第 60 条)

17. 无国籍人；国际条约；互惠。(《法律援助法》第 69 条)

(五) 简答题

1. 答：根据《法律援助法》第 22 条规定，法律援助机构可以组织法律援助人员依法提供下列形式的法律援助服务：（1）法律咨询；（2）代拟法律文书；（3）刑事辩护与代理；（4）民事案件、行政案件、国家赔偿案件的诉讼代理及非诉讼代理；（5）值班律师法律帮助；（6）劳动争议调解与仲裁代理；（7）法律、法规、规章规定的其他形式。

2. 答：根据《法律援助法》第 31 条规定，下列事项的当事人，因经济困难没有委托代理人的，可以向法律援助机构申请法律援助：（1）依法请求国家赔偿；（2）请求给予社会保险待遇或者社会救助；（3）请求发给抚恤金；（4）请求给付赡养费、抚养费、扶养费；（5）请求确认劳动关系或者支付劳动报酬；（6）请求认定公民无民事行为能力或者限制民事行为能力；（7）请求工伤事故、交通事故、食品药品安全事故、医疗事故人身损害赔偿；（8）请求环境污染、生态破坏损害赔偿；（9）法律、法规、规章规定的其他情形。

3. 答：根据《法律援助法》第 42 条规定，法律援助申请人有材料证明属于下列人员之一的，免予核查经济困难状况：（1）无固定生活来源的未成年人、老年人、残疾人等特定群体；（2）社会救助、司法救助或者优抚对象；（3）申请支付劳动报酬或者请求工伤事故人身损害赔偿的进城务工人员；（4）法律、法规、规章规定的其他人员。

4. 答：根据《法律援助法》第44条规定，法律援助机构收到法律援助申请后，发现有下列情形之一的，可以决定先行提供法律援助：（1）距法定时效或者期限届满不足7日，需要及时提起诉讼或者申请仲裁、行政复议；（2）需要立即申请财产保全、证据保全或者先予执行；（3）法律、法规、规章规定的其他情形。法律援助机构先行提供法律援助的，受援人应当及时补办有关手续，补充有关材料。

5. 答：根据《法律援助法》第48条第1款规定，有下列情形之一的，法律援助机构应当作出终止法律援助的决定：（1）受援人以欺骗或者其他不正当手段获得法律援助；（2）受援人故意隐瞒与案件有关的重要事实或者提供虚假证据；（3）受援人利用法律援助从事违法活动；（4）受援人的经济状况发生变化，不再符合法律援助条件；（5）案件终止审理或者已经被撤销；（6）受援人自行委托律师或者其他代理人；（7）受援人有正当理由要求终止法律援助；（8）法律法规规定的其他情形。

6. 答：根据《法律援助法》第61条规定，法律援助机构及其工作人员有下列情形之一的，由设立该法律援助机构的司法行政部门责令限期改正；有违法所得的，责令退还或者没收违法所得；对直接负责的主管人员和其他直接责任人员，依法给予处分：（1）拒绝为符合法律援助条件的人员提供法律援助，或者故意为不符合法律援助条件的人员提供法律援助；（2）指派不符合本法规定的人员提供法律援助；（3）收取受援人财物；（4）从事有偿法律服务；（5）侵占、私分、挪用法律援助经费；（6）泄露法律援助过程中知悉的国家秘密、商业秘密和个人隐私；（7）法律法规规定的其他情形。

图书在版编目（CIP）数据

婚姻家庭普法知识题集／中国法治出版社编.

北京：中国法治出版社，2025.3. --（普法知识题集系列）. -- ISBN 978-7-5216-4985-7

Ⅰ. D923.904

中国国家版本馆 CIP 数据核字第 202524EV10 号

责任编辑：刘海龙   封面设计：李　宁

婚姻家庭普法知识题集

HUNYIN JIATING PUFA ZHISHI TIJI

经销／新华书店

印刷／北京虎彩文化传播有限公司

开本／880 毫米×1230 毫米　32 开   印张／5.75　字数／116 千

版次／2025 年 3 月第 1 版   2025 年 3 月第 1 次印刷

中国法治出版社出版

书号 ISBN 978-7-5216-4985-7   定价：19.00 元

北京市西城区西便门西里甲 16 号西便门办公区

邮政编码：100053   传真：010-63141600

网址：http：//www.zgfzs.com   编辑部电话：010-63141814

市场营销部电话：010-63141612   印务部电话：010-63141606

（如有印装质量问题，请与本社印务部联系。）